Karl Julius Weber, der Demokrit aus Hohenlohe
Bearbeitet von Martin Blümcke

Weshalb ein ›Marbacher Magazin‹ über Leben und Werk des Schriftstellers Karl Julius Weber (1767–1832), dessen Name nur noch wenigen geläufig ist? Die knappste Antwort: eben darum.

Nach seinen auflagestarken Hauptwerken würde man Karl Julius Weber heute einen Bestsellerautor nennen. In seinem Todesjahr erschien der erste Band seines ›Dymocritos oder hinterlassene Papiere eines lachenden Philosophen‹* – das ist ein Kompendium des Lächerlichen. Diese zwölfbändige Sammlung seiner Feuilletons erfuhr bis 1927 zahlreiche Nachdrucke und manche Teilausgabe, nicht nur zum Ergötzen des liberalen Bürgertums. Sein vierbändiges Reisebuch ›Deutschland oder Briefe eines in Deutschland reisenden Deutschen‹, die Summe vieler Reisebeschreibungen und eigener Reiseeindrücke, wurde erstmals 1826/28 veröffentlicht. Danach wurde es mehrmals nachgedruckt und ist mittlerweile ein bedeutsames kulturhistorisches Dokument, eine immer noch reizvolle Schilderung der Landeskunde aller Staaten, die im Deutschen Bund zusammengeschlossen waren.

In allen seinen Werken und Äußerungen zeigt sich Karl Julius Weber als eine Persönlichkeit »zwischen den Zeiten«. Nicht nur sein Leben ist auf das Jahr genau zwischen dem 18. und 19. Jahrhundert geteilt, auch seine Individualität spiegelt die Einflüsse verschiedener Geistesrichtungen beider Zeiträume, wobei allerdings das aufklärerische Gedankengut eindeutig überwiegt. Kein originärer Kopf, aber ein origineller, der in der Mitte seines Lebens als Hofrat in fürstlichen Diensten scheiterte und danach anstatt juristischer Schriftstücke historische Essays und geistvolle Feuilletons gespickt mit Zitaten und Anspielungen aus der gesamten westeuropäischen Kultur geschrieben hat. Ein Mann allerdings, der auch als Landtagsabgeordneter für das Oberamt Künzelsau in Stuttgart eine gute Figur machte. Karl Julius Weber, dessen Schriften samt und sonders anonym erschienen sind, wurde zu Unrecht übergangen; sein Beitrag zur Literatur- und Kulturgeschichte sollte nicht vergessen werden.

* Im Folgenden werden die Werke Karl Julius Webers abgekürzt zitiert, wobei die erreichbaren Erstausgaben den ›Sämmtlichen Werken‹ vorgezogen worden sind; in einigen Fällen freilich enthalten die ›Sämmtlichen Werke‹ Zusätze, sodaß auf die spätere Fassung zurückgegriffen wurde:

W0323167

SW = Carl Julius Weber's sämmtliche Werke. Stuttgart: Hallberger'sche Verlagshandlung 1834–1844

Bd 1–3: Das Papstthum und die Päpste. Ein Nachlaß des Verfassers der Möncherei

Bd 4–7: Deutschland, oder Briefe eines in Deutschland reisenden Deutschen. Zweite, vermehrte und verbesserte Auflage

Bd 8–11: Die Möncherei oder geschichtliche Darstellung der Klosterwelt und ihres Geistes. Zweite, vermehrte und verbesserte Auflage

Bd 12–14: Das Ritter-Wesen und die Templer, Johanniter und Marianer oder Deutsch-Ordens-Ritter. Zweite, vermehrte und verbesserte Auflage

Bd 15: Der Geist Wilhelm Ludwig Wekhrlins, von Wekhrlin junior. Zweite, vermehrte und verbesserte Auflage

Bd 16–27: Democritos oder hinterlassene Papiere eines lachenden Philosophen. Nebst einem Fragment aus des Verfassers Leben, und durch Uebersetzung der aus fremden Sprachen angezogenen Stellen vermehrt

Bd 28: Vermischte Schriften aus dem Nachlaße. Mit Uebersetzung der aus fremden Sprachen angezogenen Stellen vermehrt

Bd 29: Vermischte Schriften aus C. J. Weber's Nachlaß. Paris im Jahre 1806. Mit Uebersetzung der aus fremden Sprachen angezogenen Stellen vermehrt

Bd 30: Vermischte Schriften aus C. J. Weber's Nachlaß. Reise in Italien in den Jahren 1807-1808. Mit Uebersetzung der aus fremden Sprachen angezogenen Stellen vermehrt

Mön = Die Möncherey oder geschichtliche Darstellung der Kloster-Welt. Drei Bände in vier Teilen. Stuttgart: In Commission bei der J. B. Metzler'schen Buchhandlung 1819–1820

Wek = Der Geist Wilhelm Wekhrlins von Wekhrlin junior. Stuttgart: J. B. Metzler'sche Buchhandlung 1823

Dld = Deutschland oder Briefe eines in Deutschland reisenden Deutschen. Vier Bände. Stuttgart: Gebrüder Franckh 1826–1828

Dym = Dymocritos oder hinterlassene Papiere eines lachenden Philosophen. (Von dem Verfasser der Briefe eines in Deutschland reisenden Deutschen.) 12 Bände. Stuttgart: Brodhag'sche Buchhandlung 1832–1840

Karl Julius Weber. 1767–1832

»Ich bin geboren den 20. April 1767 zu Langenburg im Hohenloh'schen [Nach Auskunft der Kirchenbücher: am 21. April 1767]. Mein Vater war fürstlicher Rentmeister daselbst und starb bereits 1782, als ich erst 15 Jahre zählte, meine Mutter verließ das Zeitliche 1803. Von meinen drei Geschwistern ist die eine mit dem Oberamtmann Hammer zu Künzelsau, die jüngere mit Dr. Römer zu Frankfurt am Main verheirathet; mein Bruder ist Tribunalrath in Eßlingen.« [SW 27, S. XI]

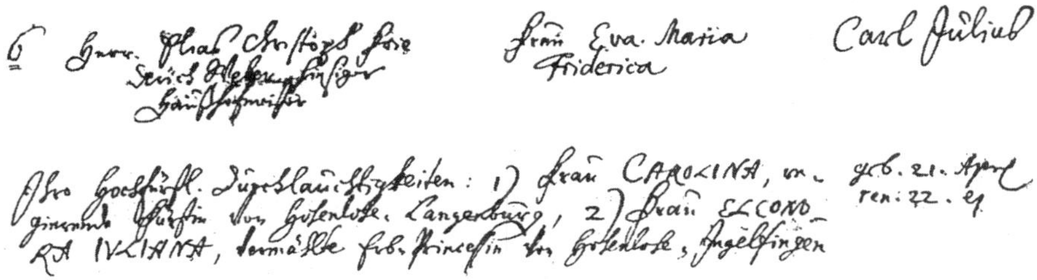

1/2 Eintrag ins Taufbuch der Kirchengemeinde Langenburg (Stadt Langenburg)

So beginnt Karl Julius Webers ›Kurze Selbstbiographie‹, die gerade acht Druckseiten umfaßt und die den Anfang des 12. Bandes seines ›Democritos oder hinterlassene Papiere eines lachenden Philosophen‹ in den ›Sämmtlichen Werken‹ macht; diese Edition ist von 1834 bis 1844 in 30 Bänden in der Hallberger'schen Verlagsanstalt in Stuttgart erschienen. Dazu gesellt sich ein ›Fragment meines Lebens. 1802–1804‹, das 42 Seiten zählt und dem ›Democritos‹ vorangestellt ist [SW 16, S. 5–46]. Hier erzählt Weber, wie es zu dem Bruch in seiner Lebensplanung gekommen ist, wie aus dem Hofrat, Diplomaten und Verwaltungsjuristen zwangsläufig der Privatier und Schriftsteller geworden ist. Diese Texte sowie die zahlreichen autobiographischen Einsprengsel und Anspielungen in seinem Werk machen es möglich, seine Lebensgeschichte in Selbstzitaten nachzuerzählen. Wolfgang Ronner hat dies in seiner Auswahlausgabe ›Demokritos, der lachende Philosoph‹ in der Münchner Reihe ›Die Fundgrube‹ [München: Winkler 1966] auch getan.

Doch der zuverlässigste Biograph ist der anonyme Verfasser des Essays ›Carl Julius Weber, geschildert nach seinem Leben, eigenthümlichen Wesen und schriftstellerischen Wirken‹, veröffentlicht im ersten Band der ›Sämmtlichen Werke‹. [SW 1, S. I–LXXII] Alle späteren Darstellungen bis hin zu der von Max Mendheim in der ›Allgemeinen Deutschen Biographie‹ [Bd 41, 1896,

S. 334–339] fußen darauf. Der Autor dieser feinfühligen und detailreichen Lebensbeschreibung ist vermutlich Karl Julius Webers Bruder Heinrich Benedikt Weber (1777–1844). Vorausgegangen war eine knappere Darstellung aus derselben Feder in dem biographischen Magazin ›Zeitgenossen‹. [3. Reihe, Bd 5, Heft 1 und 2, Leipzig 1833]

»Für die Treue dieser kurzen Lebens- und Charakterschilderung verbürgt sich ihr dem Verstorbenen ganz nahe gestandener Verfasser«, heißt es in den ›Zeitgenossen‹ zu Beginn; des weiteren nennt der Verfasser Weber zweimal kurzweg bei seinem Rufnamen Karl. Heinrich Benedikt Weber besuchte das Gymnasium in Öhringen und studierte Jura in Erlangen. Seit seiner Gymnasialzeit korrespondierte er mit seinem zehn Jahre älteren Bruder, der auf seine Geistesentwicklung einen bedeutenden Einfluß hatte. Im Jahr 1800 trat er in die Dienste des Fürsten zu Hohenlohe-Langenburg. Zehn Jahre später wechselte er in den württembergischen Staatsdienst über. Hier erwarb er sich durch seinen festen Charakter und seine Fähigkeiten das Vertrauen des Freiherrn Paul Friedrich Theodor Eugen von Maucler, damals Präsident des Oberjustizkollegiums, und machte eine für einen Neuwürttemberger erstaunliche und beneidete Karriere, die ihn bis zum Präsidenten des Gerichtshofs im Schwarzwaldkreis und des Staatsgerichtshofs für das Königreich Württemberg in Tübingen aufsteigen ließ. Auch als Autor philosophischer und politischer Schriften trat Benedikt Heinrich Weber hervor. Von König Wilhelm I. wurde er mit dem persönlichen Adel ausgezeichnet.

Vier Jahre nach dem Ende des Siebenjährigen Krieges und zwei Jahre bevor James Watt das englische Patent auf die revolutionierende Erfindung der Dampfmaschine erhielt, kam Karl Julius Weber in Langenburg – heute im Kreis Schwäbisch Hall und im Bundesland Baden-Württemberg gelegen – auf die Welt, in einem Residenzstädtchen mit rund 1300 Einwohnern, die mehrheitlich von der Hofhaltung lebten, und einem stattlichen Schloß, in dem die Grafen, (seit 1764 Fürsten), zu Hohenlohe-Langenburg standesgemäß wohnten; sie waren Herrscher über gerade einmal acht Dörfer, vierzehn Weiler und den anteiligen Besitz in weiteren fünf Dörfern. Sie waren landesväterliche Regenten mit zufriedenen Untertanen, die meist als Bauern in einem gewissen Wohlstand lebten. Zu der gesellschaftlichen Atmosphäre der Miniaturresidenz auf einem Bergsporn hoch über der Jagst gehörte, daß Karl Julius Weber als Paten »hochfürstliche Durchlauchtigkeiten« hatte: die Fürstin Caroline und die Erbprinzessin Eleonore Luciane von Hohenlohe-Ingelfingen, eine geborene Prinzessin von Hohenlohe-Langenburg. »Meine Mutter befahl mir noch, der Fürstin, die mich als Pate rufen ließ, den Rock zu küssen; ich

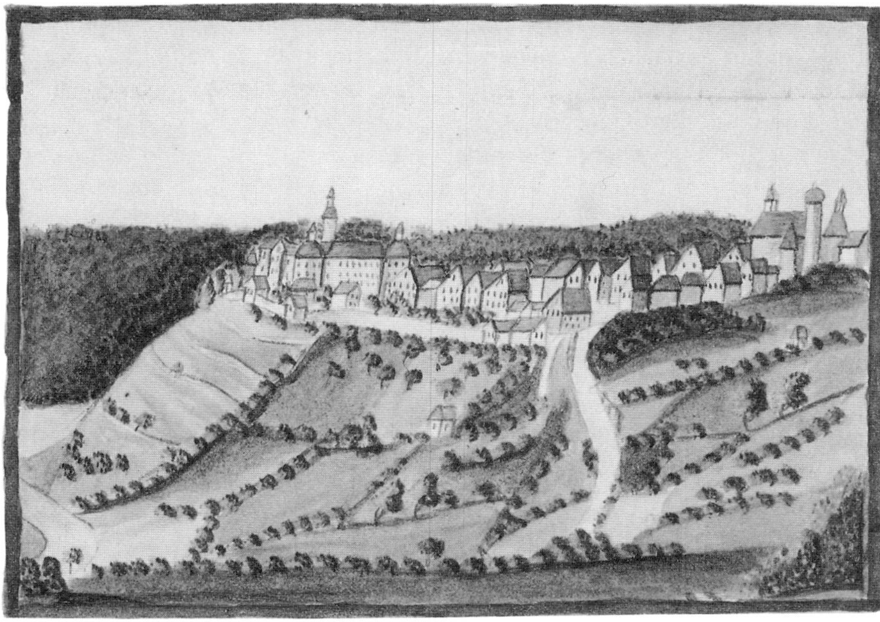

3 Langenburg. Aquarell von Auguste Wucherer (Privatbesitz)

muß schon in frühester Zeit kein Freund von viel Bücken gewesen sein und hob den Rock mehr, als schicklich war, empor, zum unauslöschlichem Gelächter der seligen Götter.« [Demokritos. München a.a.O., S. 9]

Webers Vater Elias Christoph Friedrich (1733-1782) hatte sich beharrlich im Schreiberdienst hochgearbeitet und war zuletzt fürstlicher Rentbeamter. Ein Mann von »gesundem Verstand und einfachem, geradem und strengrechtlichem Charakter, [...] zugleich von heftiger Gemüthsart,« wie der Biograph bemerkt. [SW 1, S. IV] Sein Sohn Karl, der ein gut Teil der Heftigkeit geerbt hatte, teilt verschiedentlich mit, daß er unter den schnellen Schlägen – »die Elle war sein Scepter« – zu leiden hatte. Doch alle Einseitigkeiten glich die liebevolle und einsichtige Mutter Eva Maria Friederica, geb. Schäfer, aus, »eine, nach Kopf und Herz vortreffliche, durch die elterliche Erziehung und einige Lektüre gebildete, aber nicht übergebildete« Frau, Kammerjungfer bei der genannten Prinzessin Eleonore. [SW 1, S. IV] An verschiedenen Stellen seiner Bücher gedenkt der Erstgeborene ihrer: »Gott! und meiner schönen und klugen Mutter verdanke ich meinen *Frohsinn*, der mich, so hoffe ich, zu ihr begleiten soll.« [SW 1, S.V] Daß diese Pfarrerstochter aus Wörnitzostheim bei Nördlingen aus dem schwäbischen Ries stammt, wird alle Anhänger stammeskundlicher Einordnung, die zudem fränkisch mit witzig und aufgeweckt gleichsetzen, sehr betrüben, denn dadurch wird aus dem spottlustigen Franken Karl Julius Weber zumindest ein schwäbischer Franke. Er selbst hat sich übrigens verschiedentlich, auch nachdem seine fränkisch-hohenlohische Heimat 1806 im Königreich Württemberg aufgegangen war, immer wieder als Schwabe bezeichnet.

Weber besuchte die deutsche und lateinische Schule seines Vaterstädtchens und galt als der beste und hoffnungsvollste Schüler. Er machte ungewöhnliche Fortschritte in den alten Sprachen und in den noch sparsam unterrichteten Realfächern, besonders in Geschichte und Geographie. Schon damals begann er, alle Reisebeschreibungen zu lesen, deren er habhaft werden konnte, und hinter dem Rücken seines sparsamen Vaters schaffte er sich eine ziemlich vollständige Landkartensammlung an. »Wer vor fünfzig Jahren«, schreibt Weber etwa 1825, »auch noch so wenig Bücher besaß, hatte doch gewiß Gellert und Rabener. Meines Vaters – persona honoratior – ganze Bibliothek, bestand aus Gellert, Rabener, Friedrichs Feldzügen, einem Morgen- und Abendseegenbuch, und einem Predigt-Quartanten.« [Dld 3, S. 96] Webers Abneigung gegen die protestantische Orthodoxie rührte von dem altmodischen Hof- und Stadtprediger Georg Friedrich Koch her, der dem Religionsunterricht vor der Konfirmation ein Fragebüchlein »voll dogmatischen Sauerteigs« zugrunde legte. Der Schüler mußte 958 Fragen und Antworten abschreiben und auswendig lernen. Diese »Reliquie« bewahrte er lebenslang auf und räumte ihr neben der Bibel den obersten Platz in seiner Bücherei ein.

Im Frühjahr 1782 brachte Vater Weber seinen fünfzehnjährigen Karl auf das Gymnasium zu Öhringen, einer Gemeinschaftseinrichtung aller Linien des Hauses Hohenlohe, die sich unter dem Rektor Franz Karl Eggel [gestorben 1801] in einem recht guten Zustand befand. Hier lernte Weber in der Prima dreieinhalb Jahre lang zielstrebig alte Sprachen, Französisch, Naturgeschichte, Geographie, Geschichte und die Anfangsgründe von Mathematik und Philosophie.

Neben den historischen Schriftstellern fesselte ihn besonders Georg Forsters ›A Voyage round the World‹, [London: White 1777] erschienen und bald ins Deutsche übertragen [2 Bde. Berlin: Haude und Spener, 1778 und 1780]. Forster hatte James Cook bei seiner zweiten Entdeckungsreise in die Südsee begleitet.

4 Öhringen. Aus einem Sammelband von C. Cellarius. Carlsruhe, um 1855. Lithographie von J. Veith (Württembergische Landesbibliothek, Stuttgart)

Dieses Buch begeisterte Weber »mehr als Robinson Crusoe, und mehr als Siegwart [von dem Ulmer Johann Martin Miller], Werther und Heloise«.[Dld 2, S. 303] Zugleich verschlang er die Werke der damals gefeierten Dichter und Philosophen wie Gleim, Uz, E. v. Kleist, Klopstock, Goethe, Johann Jakob Engel, Moses Mendelsohn, Johann Georg Heinrich Feder, Ernst Platner und nicht zuletzt Christian Garve. Der Gymnasiast Weber schränkte sich ein, um ihre Schriften anzuschaffen, und er legte so den Grund zu seiner später umfangreichen Büchersammlung. [vgl. ›LXXXII. Catalog des Antiquar. Bücherlagers von Fidelius Butsch Sohn [...] in Augsburg [...] Enthält zum grösseren Theile die Bibliothek Carl Julius Webers, des Verfassers des ›Papstthum‹, ›Möncherei‹, ›Democrit‹, ›Ritterwesen‹ etc.etc. Augsburg 1872. Die 2836 Nummern werden auf 127 Seiten beschrieben.]

Trotz allem Lesen und Lernen war Karl Julius Weber kein Klausner und kein Kopfhänger; allein schon seine Lebhaftigkeit trieb ihn zum geselligen Umgang mit seinen Mitschülern. Er liebte auch platonisch ein fröhliches, geistreiches Mädchen, – seine Laura, wie er sie nach Petrarcas Vorbild in seinen Schriften immer wieder nennt. Sie heiratete freilich bald weniger platonisch einen anderen. Weber verehrte sie sein Leben lang und blieb Junggeselle.

Sein Aufenthalt in Öhringen war vom frühen Tod seines Vaters – Ende 1782 – überschattet. Der Erstgeborene unterstützte seitdem nach Kräften seine

Mutter, besonders bei der Erziehung der Schwestern und des jüngeren Bruders. Dieser hat wohl recht, wenn er in der Lebensschilderung vermutet, »von dieser ihm so frühe gewordenen, mehr selbstregierenden als gehorchenden Stellung im Kreise der Seinigen schreibt sich wohl auch zum größern Theile das herrische und unfügsame Wesen her, welches ihn schon als Jüngling, und noch mehr als Mann charakterisirte«. [SW 1, S. XI]

Zum Abschluß seiner Schulzeit hielt Karl Julius Weber in Öhringen einen Vortrag in französischer Sprache über die Beziehung der freien Künste zur Philosophie. Am 21. April 1786, an seinem 19. Geburtstag also, wurde er an der damals jungen und modernen Universität Erlangen als Student der Jurisprudenz immatrikuliert. Er lebte dort drei Jahre froh und frei, jedoch nicht unsolide. Der aufgeweckte Student gewann die Aufmerksamkeit und Achtung mehrerer Professoren, so der Juristen August Friedrich Schott und Christian Friedrich v. Glück, des Staatsgelehrten Johann Ludwig Klüber, der später beim Wiener Kongress keine unbedeutende Rolle spielen sollte, und des Lexikographen Johann Georg Meusel, Professor für Geschichte, der ihm seine reichhaltige Bibliothek zur Verfügung stellte.

In Erlangen setzte Weber seine Lektüre der deutschen Dichter und Schriftsteller fort; private Sprachstudien erlaubten es ihm, auch die englischen und französischen Rationalisten ohne Mühe zu lesen, besonders Voltaire, Helvetius und Diderot. Sein Bruder und Biograph bedauert diese »besondere Hingebung an die flache Sensual-Philosophie der französischen Encyclopädisten« und schreibt es ihr zu, »daß *Weber* das Tiefere und Höhere der neuern deutschen Philosophie, unsern *Kant*, *Fichte*, *Schelling* u.s.w. niemals liebgewinnen [...] mochte.« [SW 1, S. XII] Weber achtete zwar stets Kant als den größten deutschen Philosophen, seine Nachfolger verspottete er jedoch als »Kantlinge«, denn von der Metaphysik meinte er mit Voltaire, »daß die eine Hälfte davon nichts Anderes enthalte, als was auch schon der gemeine Menschenverstand wisse, die andere Hälfte aber nur zu erweisen sich erdreiste, was man niemals wissen könne«. [SW 1, S. XIII]

Gegenüber den Herolden des Zeitgeistes war Webers jugendliches Gemüt nicht so abweisend. Ihn zogen besonders Ossian, Shakespeare und Rousseau an, dessen sämtliche Werke er sich kaufte und in der Kammer eines Dorfgasthauses in der Nähe von Erlangen aufstellte, um sie in ländlicher Zurückgezogenheit studieren zu können. Millers ›Siegwart‹ [Leipzig: Weygand 1777] las er – nicht ohne reichliche Tränen – in einer Nacht aus. »Ich hatte die Zeit unserer Empfindsamkeit durchlebt, jedoch die Sache nicht weiter getrieben, als daß ich Werthers dunkelblauen Frack, verbessert durch himmelblauen Kragen, gelbe

Weste und Beinkleider mir anlegte.« Am 17. August 1786 war Friedrich II. von Preußen in Potsdam gestorben, von Weber als »König der Könige« bezeichnet. »Wohl erinnerlich ist mir die Sensation, die dieser Tod allerwärts, und auch auf unsern Universitäten machte.« Die Erlanger Studenten arrangierten ein »Todesfest«, bei dem sie selbstgedichtete Oden vortrugen. [Dld 3, S. 405]

Nach vermutlich vier Semestern verließ Weber 1788 die Universität Erlangen mit besten Zeugnissen als gut ausgebildeter theoretischer Jurist. Er kehrte nach Langenburg ins Elternhaus zurück und erweiterte seine praktischen Kenntnisse in der fürstlichen Kanzlei. Da aber in seinem kleinen »Vaterland« – so wurde damals und noch im 19. Jahrhundert jedes reichsunmittelbare oder souveräne Territorium benannt – keine ihm angemessene Stelle in Aussicht stand, da zudem der freie und geistreiche Umgang mit seinesgleichen fehlte, – der schon erwähnte Hofprediger Koch glaubte den Freidenker unter seine besondere Aufsicht stellen zu müssen –, reifte in Weber der Entschluß, nach Göttingen zu gehen, »die Königin unter den Universitäten«, damals die berühmteste deutsche Hochschule, eine Hochburg der Aufklärung.

5 Die Universität in Göttingen. Nach einem Stich von Unbekannt aus Meyer's Universum , Bd 5. Hildburghausen, Amsterdam, New York 1838 (Württembergische Landesbibliothek, Stuttgart)

Am 24. April 1790 wird Karl Julius Weber an der Georgia Augusta als Jurastudent eingeschrieben. Er ist in der Absicht ins Leine-Athen gereist, ein akademisches Lehramt anzustreben, eine Professur in der juristischen Fakultät zu erlangen. »Die halbe Universität besteht aus Schwaben«, schrieb damals der Professor für Physik, Georg Christoph Lichtenberg. Es waren die sechs Professoren Ludwig Timotheus Spittler, Historiker seines Zeichens, Jeremias David Reuß, Bibliothekar und Orientalist, die Theologen Gottlieb Jakob Planck und Karl Friedrich Stäudlin, der Gynäkologe Friedrich Benjamin Osiander und der Astronom Karl Felix Seyffer.

Die andere Hälfte der Professoren stellen die Hohenloher, könnte man ergänzen, auch wenn zu Webers Studienzeit nur noch zwei von ihnen gelesen haben: der Orientalist und Professor für biblische Wissenschaften Johann Gottfried Eichhorn (1752–1827) und der damals weithin bekannte Publizist und Historiker August Ludwig von Schlözer, geboren am 5. Juli 1755 in dem hohenlohischen Dorf Gaggstatt bei Kirchberg an der Jagst, gestorben am 9. September 1809 in Göttingen. Am 2. Februar 1805 schreibt Schlözer an seinen angestammten Landesherrn, den greisen Fürsten Christian Friedrich Karl von Hohenlohe-Kirchberg:

»Nun sind nach der Reihe 6 Hohenloher Professoren in Göttingen gewesen, Scheid [der Jurist Christian Ludwig Scheidt aus Waldenburg], Franz [Johann Michael Franz aus Öhringen, Geograph], Meister sen. [der Jurist Christian Friedrich Georg Meister aus Öhringen], Meister jun. [Albert Ludwig Friedrich Meister, geboren in Weikersheim, Professor für Philosophie], Eichhorn [Johann Gottfried Eichhorn aus Dörrenzimmern, Orientalist], ich wünsche den 7ten oder 8ten; jetzt ist nur ein Hohenloher hier, Weitsäcker [!] [Christian Ludwig Friedrich Weizäcker, später Stiftsprediger in Öhringen]; wenn dieser einschlägt, soll er alle landsmännische Handreichung von mir erhalten.« [Württembergisch Franken, Bd 45, 1961, S. 128] Darauf hatte sicher auch Karl Julius Weber gehofft und zugleich auf seine intellektuellen Fähigkeiten vertraut. Er wußte »durch seine Talente und Kenntnisse und durch ein unausgesetztes, vielseitiges Fortstudiren, besonders unter planmäßiger Benützung der großen Universitätsbibliothek, sich die Gunst und das Vertrauen mehrerer berühmter Professoren zu erwerben.« [SW 1, S. XV] Neben den Landsleuten Eichhorn und Schlözer waren dies der berühmte Staatsrechtslehrer Johann Stephan Pütter sowie der vielseitige Philosoph und Kulturhistoriker Christoph Meiners. Nach Aussagen des Bruders erkannten die Professoren Webers Befähigung zu einem akademischen Lehramt an, doch an eine baldige Erfüllung seines Wunsches war nicht zu denken. Vermutlich wurde auch seine Promotion, Voraussetzung für diese Laufbahn, abgelehnt. Der 24jährige Karl Julius Weber mußte erkennen, daß sein ehrgeiziger Plan – aufgrund einer übertriebenen Selbsteinschätzung? – gescheitert war; er mußte erfahren, daß sein Aufenthalt in Göttingen zum ersten Wendepunkt in seinem Leben geworden war. So ist es ein schmerzliches Lachen, wenn er später in seinem Reisebuch über Deutschland schreibt: »Ich lächelte, als ich nach zwölf Jahren Göttingen wiedersahe, gerade wie beym Wiedersehen meiner Laura, mit ihren Kindern.« [Dld 4, S. 55]

Als sich zudem Webers Geldmittel erschöpften, wurde ihm durch einen unbekannten hohenlohischen Gönner eine mit sehr vorteilhaften Bedingungen versehene Hauslehrerstelle angeboten. Er nahm sie an, nachdem außer Eichhorn auch Schlözer mit dem Hinweis zugeraten hatte, er solle jetzt einmal die Welt kennenlernen. Im Winter 1790 begab er sich auf das Landgut Bougy – St. Martin, Gemeinde Aubonne in der französischen Schweiz, das dem Lyoner Bankier Etienne Delessert gehörte, einem der Mitbegründer der Banque de France. Dort wurde er mit Wohlwollen in der Familie aufgenommen und hatte die drei Söhne zu unterrichten. »*Erziehung zu guten, edeln und aufgeklärten Menschen* muß bei den Zöglingen [...] *die einzige Erziehung seyn*«, formulierte Weber später, im Juni 1797, als es um die Ausbildung junger Reichsgrafen aus dem Haus Erbach-Schönberg ging. [SW 28, S. 75] Im Verlauf von zwei glücklichen Jahren wurde Weber in rascher Gewöhnung an den leichten französischen Ton zu einem Weltmann.

Reisen mit der Familie führten Karl Julius Weber oft nach Lyon und einmal auch nach Paris, wo sein jugendlicher Geist mächtig von der Französischen Revolution ergriffen wurde, deren Grundsätze »richtig verstanden, stets wahr bleiben werden«. Er beobachtete fortan den Gang dieses Weltereignisses »und zehrte nun [...] mehrere Jahre lang von der Ideenmasse, welche diese Revolution auf ein Jahrhundert hinaus in die politische Welt geschleudert hat«, wie sein Biograph anmerkt. [SW 1, S. XVIII] Doch als die Revolution »den bekannten Laternen-Guillotinen-Gang« nahm, wurde sein Blick – wie der vieler anderer Beobachter des welthistorischen Schauspiels – schnell von der Höhe idealer Grundsätze auf die Ebene der menschlichen Unzulänglichkeit gelenkt. Als dann Bonaparte auftrat und aus ihm Napoleon wurde, ward Weber, wie den meisten seiner Zeitgenossen, alles Vorausgegangene in bloßen Schein verwandelt, und er wurde ein erbitterter Gegner des »Kaisers der Franzosen«, wie alle seine Schriften belegen.

»In schwärmerischer Jugend durchkreuzte ich die Schweiz, und schwärmte mit Jean Jacques [Rousseau] zu Geneve, Moitiers Travers und S. Pierre, wie mit Voltaire zu Fernay, was man mir aber zu Genf übel nahm [...].« [Dld 1, S. 450]

Doch Weber »wallfahrtete« nicht nur auf den Spuren seiner »literarischen Götzen«, er reiste auch bis nach Marseille und traf in Petrarcas Lieblingstal Vaucluse den Dichter Friedrich Matthisson. Der rüstige Fußgänger durchmaß damals alle »classischen Alpen-Parthien«. In Zürich machte er sogar Lavater seine Aufwartung, der später in seinen Schriften eine dankbare Zielscheibe für Webers antischwärmerischen Spott abgeben mußte.

Nach zweijähriger Tätigkeit als Hauslehrer kehrte Karl Julius Weber 1792 über Südfrankreich und Oberitalien nach Deutschland zurück, nicht ohne einen neuen Vorrat an Büchern, namentlich die sämtlichen Werke von Voltaire, Montaigne, Hume und Gibbon, nebst einer Sammlung von Kupferstichen mit Schweizer Landschaften. Er trat sogleich die ihm angebotene Stelle eines Privatsekretärs beim Grafen Christian zu Erbach-Schönberg (1728–1799) an. Der hessische Edelmann war als Deutschordensritter im österreichischen Militärdienst aufgestiegen und amtierte seit 1783 als Statthalter des Hoch- und Deutschmeisters Max Franz von Habsburg, des jüngsten Sohnes der Kaiserin Maria Theresia, der zugleich Kölner Kurfürst war, in der Deutschordensresidenz Mergentheim. »Mir ist kein Fürst von dieser liebenswürdigen Einfachheit, im Bunde mit Geist, Kenntnissen und ungemein viel Witz bekannt, wie Max gewesen ist«, gesteht Weber in seinem Reisebuch über Deutschland bei der Beschreibung Bonns. [Dld 4, S. 727 f.] Er hatte diese Stelle nicht zuletzt deshalb angetreten, weil er wußte, daß »Protestanten unter den Katholiken, namentlich in Wien, schon großes Glück gemacht hatten«. [SW 27, S. XIII] Als Weber von anderen Räten beim Hochmeister als »Demokrat« – wir würden heute sagen als Republikaner – angeschwärzt wurde, meinte jener trocken, »wird schon gescheiter wer'n«.

Karl Julius Weber wurde von dem alten Grafen zu Erbach-Schönberg, einem toleranten und geistvollen Herrn, nach seinen eigenen Worten wie ein »Sohn« aufgenommen und nach zwei Jahren zum erbachischen Regierungsrat ernannt. Es waren acht glückliche Jahre, die der Jurist Weber in Mergentheim erlebte. Diplomatische Reisen führten zu den fränkischen Kreistagen nach Nürnberg, in benachbarte Höfe und nach Bonn, wo der Kölner Kurfürst residierte. Nach seinen Amtsgeschäften und seiner Lektüre betrieb Weber auch historische Studien und machte sich die Bibliothek des Deutschen Ordens zunutze, um Genaueres über die Ritter- und Mönchsorden zu erkunden. Einmal zog er sich auch eine Ritterrüstung an und war erstaunt, wie rasch er beim Auf- und Abgehen im Rittersaal ins Schwitzen geriet. An der Tafel des Grafen waren stets standesgemäße Gäste, so auch einmal der französische General Charles Francois Dumouriez, der zu den Alliierten übergegangen

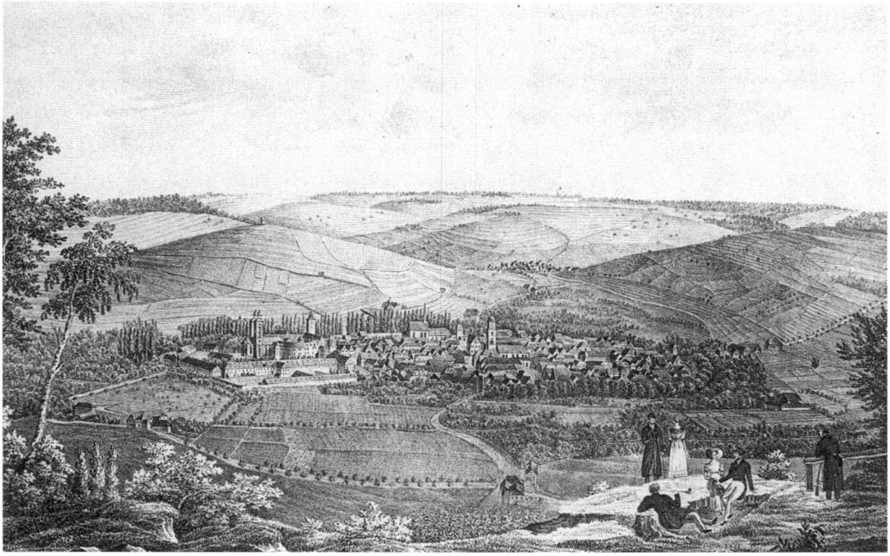

6 Mergentheim von der Nordseite. Nach der Natur gezeichnet und lithographiert von F. Mayer und J. Scheifele (Württembergische Landesbibliothek, Stuttgart)

war. »Zu Mergentheim, und so lange der Deutsche Orden lebte, fand man gar nichts Unschickliches darin, die Schinken verziert mit einem aus der Schwarte geschnittenen Ordenskreuz auf die Tafel zu bringen, bis 1793 Dumouriez fragte: *Comment? le cochon est-il aussi de l'Ordre Teutonique?*« (Wie, gehört das Schwein auch zum Deutschen Orden?) [Dym 1, S. 182]

Vom Dezember 1797 bis zum April 1799 beobachtete Regierungsrat Weber zusammen mit seinem Dienstherrn, dem Grafen Christian zu Erbach-Schönberg, der als Bevollmächtigter des Kurfürsten Max Franz fungierte, den Rastatter Kongreß. Diese Gesandtenrunde bestätigte die Vormacht Frankreichs am Oberrhein und läutete das Ende des alten Reichs ein. Wegen der langen Verhandlungsdauer hatte Weber Muße zur Lektüre und zum Büchersammeln sowie zu Ausflügen in das »allerliebste Murgthal, in diesen Tempel der Natur, zu den fleißigen, genügsamen Menschen, die hier wohnen«. Er fuhr auch ins nahe Straßburg, wo er die republikanischen Volksfeste besuchte, obgleich sie »längst zur Kinderei herabgesunken« waren.

Selbstverständlich gab es Kontakte zu anderen Interessenvertretern, auch zu französischen Diplomaten, mit denen sich Weber fließend unterhalten konnte. Der Gesandte Ange Louis Antoine Bonnier d'Arc, angetan von dem geistreichen Regierungsrat, stellte dem noch von fortschrittlichen Ideen erfüllten Weber sogar die Aufnahme in den französischen Staatsdienst in Aussicht. Im April 1799 löste sich der Kongreß auf, ohne ein Ergebnis erzielt zu haben. Bei der Heimfahrt wurde auf die französische Delegation von österreichischen Husaren ein Überfall verübt, bei dem mit anderen auch Bonnier ermordet wurde. Damit war auch diese Hoffnung für Weber zunichte, noch ehe er so recht von einer Karriere in Paris träumen konnte, wie sie etwa dem württembergischen Theologen Karl Friedrich Reinhard vergönnt war. »Allein, was er sich selbst freilich weniger eingestand, eine für ihn nachtheilige Schattenseite hatte sein Rastadter [!] Leben doch auch. Es machte ihn nicht blos zum Weltmann, sondern in gewisser Art auch zum *Weltling*; er nahm zuviel von französischer Frivolität in Grundsätzen und Sitten, besonders gegenüber von dem schönen Geschlecht an«, urteilt der brüderliche Biograph. [SW 1, S. XXII].

Am 29. Mai 1799 starb Graf Christian in Mergentheim. Sein Bruder Graf Karl zu Erbach-Schönberg folgte ihm in der Verwaltung seines Ländchens und übernahm Karl Julius Weber als ersten Hof- und Regierungsrat im Amtsort König, heute Bad König im Odenwald. »Hier verlebte ich drei Jahre, wie ich sie Niemand wünschte«, schreibt der Kanzleidirektor Weber. »Ich hatte bisher in der Welt gelebt, hier wohnte ich auf dem Dorfe; meine Geschäfte hatten mir bisher Zeit gelassen, meinen gelehrten Liebhabereien nachzuhängen, ohne den Beruf zu vernachläßigen, hier hatte ich keine Zeit, um Zeitungen oder Journale zu lesen.« [SW 27, S. XV] Dem »Ausländer« Weber gelang es durch seine herrische Art nicht, das Vertrauen der Odenwälder zu gewinnen, auch wenn er bei den damaligen Kriegszeiten durch seine perfekten französischen Sprachkenntnisse vieles durch Verhandlungen mildern konnte. Bei Reisen ins französische und österreichische Hauptquartier lernte er unter anderem General Jean Victor Moreau kennen, den Sieger von Hohenlinden, »einen der edelsten, größten und dabei einfachsten Männer«, und den Kommandeur der österreichischen Rheinarmee, Erzherzog Karl, der ihn durch die »Liebenswürdigkeit seines Charakters« entzückte.

In König war Hofrat Weber ein gern gesehener Gast im Hause einer verwitweten Gräfin Erbach. Mit ihr lebte ihre Tochter, um deren Hand der Erbgraf Ernst Casimir von Isenburg-Büdingen anhielt. »Mutter und Tochter waren mir herzlich zugethan, und so thaten sie nichts ohne meinen Rath.« [SW 27, S. XVI] Der Erbgraf erhielt das Jawort unter der Bedingung, eine zweijährige Reise durch Europa zu unternehmen, auf der ihn Karl Julius Weber als Mentor begleiten sollte, um danach in Büdingen am Vogelsberg Geheimer Rat zu werden.

Im März 1802 reisten Weber und der junge Erbgraf, »dessen bisherige Bildungsschule und Welt zunächst nur Büdingen und das Departement der Jagd gewesen« [SW 1, S. XXVII] waren, über Miltenberg, Offenbach, Kassel, Paderborn nach Westfalen, wo der Graf Verwandte besuchte. Danach wurden die wichtigsten Städte Hollands besichtigt. Über Hannover und Braunschweig ging die damals für Kavaliere übliche Bildungsreise nach Berlin, wo den 21jährigen Erbgrafen besonders das preußische Militär anzog. Aber hier brannte Webers Schützling, gerade drei Monate nach Beginn der auf Jahre angesetzten Bildungsreise, durch und kehrte mit Eilposten zu seiner Mutter nach Büdingen zurück.

Webers Absicht, aus dem jungen Edelmann einen erfahrenen Weltmann zu machen, war gründlich gescheitert. In der französisch sprechenden Gesellschaft fühlte dieser sich nicht wohl, zudem behandelte ihn sein spöttischer und geistig überlegener Begleiter offensichtlich falsch. So mußte es zu dieser Katastrophe kommen, die Webers Leben fast in der Hälfte der Bahn die zweite und entscheidende Wendung gab. Im blieb nichts anderes übrig, als auch nach Büdingen zurückzukehren, allerdings nicht ohne vorher wenigstens noch Sachsen gesehen zu haben. An eine Fortsetzung der Kavalierstour war nicht zu denken, da die Gräfin von Erbach das Verlöbnis löste.

»Lange Einsamkeit ohne bestimmte Geschäfte – gewaltsame Unterdrückung der peinlichsten Gefühle, der Reue und des Grames bei jeder Rückerinnerung an bessere Tage – Zwang, mich zu mäßigen, bei einem heftigen leidenschaftlichen Temperament – Ehrgeiz und bisheriges Glück – traurige Betrachtungen über Undank und Unrecht, über Adelsgeist und den Des-

7 Schloß Büdingen. Ausschnitt nach Braun-Hogenberg, 1617

potismus unbekannter Zaunkönige – die mein Inneres mit einer *Indignation* durchwühlten, wie ich es nie für möglich gehalten hätte, hatten endlich, verbunden mit planmäßigen positiven Kränkungen niederträchtiger Esel, die den kranken Löwen unverschämt befarzten und schlugen, meinen Geist zu dem *schwarzen Punkte* gebracht, der *Narren* oder *Selbstmörder* macht ...« [SW 16, S. 37]

Schon waren die ersten Anzeichen einer Gemütskrankheit zu erkennen, als Hofrat Weber nach langen, sich über zwei Jahre hinziehenden Verhandlungen in seine Entlassung und in die nicht sehr hohe Abfindungssumme von 5.000 Gulden einwilligte. Der vielen kleinlichen Intrigen und Quälereien ausgesetzte Weber, der in Büdingen völlig geschnitten wurde, verließ am 9. April 1804 »das armseligste Aristokratenloch, das ich kenne«. Man brachte den Erkrankten zu seiner älteren Schwester Henriette nach Jagsthausen; sie war mit dem Amtmann Ludwig Gottfried Hammer verheiratet, der damals im Dienst der Freiherrn von Berlichingen stand. Drei Monate lang kämpfte Weber mit der Krankheit, bis er langsam genas. Eine Reise nach Oppenheim und eine »Weinkur« stärkten ihn vollends.

Aus dem 37jährigen »Geschäftsmann« war – für ihn selbst unvorhersehbar – ein Privatmann geworden, der fortan von den Zinsen der Abfindungssumme, von seinen Ersparnissen und der Erbschaft seiner geliebten Mutter – sie war im Februar 1803 gestorben – ein unabhängiges, wenn auch eingeschränktes Leben führen konnte. Die vorausgegangene Katastrophe hatte seine »*Heiterkeit* zwey Jahre getrübet, aber doch nicht *verlöschet*, indessen einen Stachel zurückgelassen«. [Dld 4, S. 461] Zugleich erkannte er diese entscheidende Wende in seinem Lebenslauf als sein »Fegefeuer« an: »*Moralische Läuterung* hatte ich gewonnen, denn nur Unglück vollendet unsere Erziehung und bringt uns zur höchsten Cultur wahrer Würdigung und Bescheidenheit; ich glaube, ich wäre nicht halb so gut, wenn die zweite Hälfte meines Lebens so glücklich gewesen wäre, wie es die erste war.« Und »so gewöhnte ich mich an *Einschränkung*, *Einsamkeit* und reines *literarisches Leben* – und verfiel sogar auf *Schriftstellerei*, woran ich nie gedacht hätte, als höchstens im hohen Alter, wenn ich mich zur Ruhe setzen würde, *Denkwürdigkeiten meines Lebens* zu schreiben«. [SW 16, S. 42 f., 45]

Bis zu seinem Tode im Juli 1832 lebte Weber 28 Jahre lang im Haus von Schwester und Schwager, der bald in den württembergischen Staatsdienst überwechselte und Oberamtmann in Künzelsau wurde. Die Stationen dieser Beamtenfamilie sind auch die folgenden Wohnplätze von Karl Julius Weber: bis 1809 Jagsthausen, dann Weikersheim, von 1811 bis 1830 Künzelsau und

8 Jaxthausen. Götz von Berlichingens Burg von Südwesten. Lithographie um 1830. (Württembergische Landesbibliothek, Stuttgart)

die letzten zwei Jahre Kupferzell. Allesamt Marktflecken und Landstädtchen in der hohenlohischen Heimat Webers.

Zurückgezogen führte er ein zufriedenes Leben, ganz seinen Studien hingegeben, den Umgang nur mit wenigen Bekannten und Freunden pflegend. Der Einfachheit, einem bald ernsthaft, bald spielerisch gesuchten Ideal des späten 18. Jahrhunderts, hat er in seinem ›Dymocritos‹ eine Lobrede gehalten: »Rettung liegt nur in Rückkehr zur alten Einfachheit und zur Natur« [Dym 1, S. 116], denn der »einfache Mensch ist stets Er selbst, und sein ganzer Charakter veredelt sich«. [Dym 1, S. 125]

In seiner reichhaltigen Bibliothek, die zuletzt 5000 bis 6000 Titel in 11000 Bänden umfaßte und jeweils mit mehreren Fuhrwerken umgezogen werden mußte, studierte er unablässig die wichtigsten Autoren von Homer bis zu seinen Zeitgenossen, nach Möglichkeit in der Ursprache. Hebräisch, Griechisch,

9 Weikersheim. Nach der Natur gezeichnet und lithographiert von F. Mayer. Um 1825. (Württembergische Landesbibliothek, Stuttgart)

Lateinisch, Spanisch, Italienisch, Französisch und Englisch beherrschte er so, daß er die Autoren lesen und aus ihren Werken zitieren konnten. »Meine Bücher-Sammlung ist wahrscheinlich das Einzige, war mir einst das letzte Stündlein sauer machen dürfte, wie dem reichen Geizhals seine Obligationen und Geldsäcke –«. [Dym 1, S. 140] Um nicht dauernd zu lesen und zu exzerpieren, machte er kleine schriftliche Ausarbeitungen, bis er sich dann älterer Pläne entsann und 1819 mit seinem ersten historischen Werk über ›Die Möncherey‹ an die Öffentlichkeit trat, allerdings anonym. Damals war er schon über fünfzig Jahre alt. Die letzten anderthalb Jahrzehnte seines Lebens waren mit unablässiger literarischer Tätigkeit ausgefüllt, die sich in den 30 Bänden seiner ›Sämmtlichen Werke‹ eindrucksvoll präsentiert.

Der Einsiedler Weber, der sich gern »einspann«, um ein Wort von ihm zu gebrauchen, fühlte sich recht wohl in der ländlichen Umgebung seiner Heimat, die er auf seinen Spaziergängen durchwanderte. »In meinem 37. Jahre fiel ich wie vom Himmel in ein Dorf, und wollte als verdorbener Städter verzweifeln – kaum nach Einem Jahre vergaß ich bei Metzelsuppen die herrlichen *diners diplomatiques* und Rittertafel – auf Schwein reimt Wein, auf Wurst Durst, und Schweineknöchelchen im Salz, und Sauerkraut vergleicht der Dichter des Metzelsuppenliedes mit Venus in den Rosen. Nach Jahr und Tag war mir ein

Markttag und Knabenspiele so viel als Theater – ein Viehmarkt, was eine Wiener Maskarade [!] und Berliner Wachtparade oder Revue, und die Dorfkirmes so interessant, als Prater und Thiergarten, Vauxhall, und Palais-Royal!« [Dym 1, S. 130 f.] Dieses Zitat mit der Anspielung auf Ludwig Uhlands ›Metzelsuppenlied‹ erweckt den Eindruck einer idyllischen Lebensweise. Doch zuweilen geriet er im Rückblick auf frühere Verhältnisse und Aussichten in Stimmungen voller Bitterkeit und nannte sich einen »Dorf-Nemo« und seine ungebildete Umgebung Illyrier, illiterati. Die Wortschöpfung Dorf-Nemo hat Karl Julius Weber übrigens am 21. September 1807 in einem Brief an seinen Bruder Heinrich gebraucht; dieser verwendet sie dann in seiner Biographie. Damit sollte es keinen Zweifel mehr an der Autorschaft geben.

Webers entschiedener und fester Charakter ergab zusammen mit seinem cholerisch-sanguinischen Temperament, wie er selbst einmal im ›Dymocritos‹ einräumt, und mit seinem überragenden Geist eine eigenartige Verbindung, die sein Leben im Guten wie im Schlechten bestimmte. Seine festen Grundsätze konnten in Eigensinn ausarten, sein Selbstgefühl sich in einer schroffen und abstoßenden Art zeigen. Zur Verdeutlichung sei von einem Streit der Brüder berichtet, wie er sich aus fünf erhaltenen Briefen Karl Julius Webers aus den Jahren 1799 bis 1807 ablesen läßt, die im Deutschen Literaturarchiv Marbach aufbewahrt werden.

Am 19. Juli 1799 hatte Weber aus Mergentheim seinem Bruder, dem »Wohlgebohrenen Herrn Regierungsrath Weber zu Langenburg«, geschrieben: »Lieber Heinrich! Soll unser Briefwechsel nicht ganz ins Stocken gerathen, so muß ich schon anfangen, da ich von deiner Seite nach deinem letzten Schreiben an die Mutter, ein gleiches nicht erwarten darf. Zwar ist allerdings die Reihe nicht an mir – wer wird aber so genau rechnen? Das ungestüme Ende des Congreßes [in Rastatt], doppelt ungestüm für mich, wovon ich nur mündlich mit dir sprechen kann – der Tod des Grafen im May – der Kampf auf Leben und Tod mit dem Kanzley Ungetüm B. in K[önig], das nun erlegt ist, [...] – alles dies soll dich beschämen, daß ich den Anfang mache.« Im elterlichen Haus finde der Bruder seine Bücher; »als die deinigen magst du meinetwegen alle diejenigen ansehen, die [...] ins juristische Fach« gehören.

Im Jahre 1807 muß Weber dann aus Jagsthausen um seine Bibliothek – es waren damals 1800 Bände – gebeten haben; der nächste erhaltene Brief vom 21. September 1807 beginnt ohne Anrede: »Nein! nie habe ich meine juristi. Bücher dir als *Eigenthum* überlaßen, nie cediret oder geschenket so, daß ich sie – mein fast einziges Eigenthum – noch bey Leibesleben nicht einmal mer [!] sollte brauchen können!« Weber fühlte sich völlig im Recht und drohte mit einem Prozeß: Eine Höflichkeitsformel sei keine Schenkung und ein freundschaftlicher Brief keine Schenkungsurkunde. Er hätte die Bücher schon längst holen lassen, wenn er »solchen empörenden Misbrauch des brüderlichen Zutrauens« sich hätte träumen lassen. Heinrich Weber gab nach und sandte die Bücher zurück.

Vom Schreibtisch aus unternahm Karl Julius Weber Fahrten in die Welt des Geistes, und in natura trieb es den Reiselustigen Jahr für Jahr aus seiner Studierstube hinaus. »Warum bin ich aber auch 1804 nach Jaxthausen, nicht nach Nürnberg gegangen! Jetzt da es zu spät ist, werde ich mich begnügen, Nürnberg jedes andere Jahr zu besuchen, das eine wahre Büchergrube ist, wie ich ein Bücherwurm, und an seinem Museum eine Anstalt hat, die in ganz Deutschland nicht zu finden ist«. [SW 28, S. 67] Nur durch den jährlichen Aufbruch konnte er die geistige Enge seiner heimatlichen Umgebung ertragen, und von jeder Reise kehrte er gestärkt, voller Anregungen und von einer Bücherkiste begleitet nach Hause zurück. »Reisen, nach einem langen *gelehrten* Schlafrocksleben, sind der Punkt, den Archimedes außer der Erde verlangte, um die ganze Welt zu bewegen, d.h. die kleine Welt in unserm *Innern* u.s.w.« [SW 1, S. XXXVII]

Der rüstige Fußgänger wanderte viel und gern und benutzte erst im Alter häufiger den Postwagen. Die erste Reise hatte der staunende Zwölfjährige mit seinem Vater nach Frankfurt am Main gemacht, spätere Fahrten wurden schon erwähnt. Im Jahre 1805 zog es ihn nach Österreich und Wien, nicht zuletzt in der Hoffnung, alte Bekanntschaften zu erneuern und vielleicht in den kaiserlichen Dienst zu treten. Der neue Kriegsausbruch vereitelte diesen Plan. Im April 1806 fuhr er nach Paris, um die von Napoleon zusammengeraubten Kunstschätze zu betrachten, die Nationalbibliothek zu benützen und den Glanz des jungen Kaisertums anzuschauen. Von dort aus muß er auch einen Abstecher nach London gemacht haben. Ob er danach südlich der Alpen gewesen ist, kann man bezweifeln. Im letzten Band der ›Sämmtlichen Werke‹ ist jedoch ein Manuskript aus dem Nachlaß veröffentlicht: ›Reise in Italien in den Jahren 1807–1808‹. »Mein gutes Schwaben war und bleibt mir schön genug, um noch einmal einen fast schneckenartig langsamen Zug durch dasselbe zu machen. [...] Auch Tyrol hätte mich fesseln können. Ja eine fast noch großartigere und erhabenere Poesie trägt seine Natur als die an dergleichen Scenen allerdings wunderbar reiche Schweiz. Ist es gleichwohl ungleich weniger besucht, so hat es dafür den Vortheil unverdorbenerer Sitten. Diesmal jedoch füllte allein Italien meine Seele, und stand dorthin, sobald ich die heimathliche Erde verlassen, allein mein Sehnen und all' mein Verlangen [...].« [SW 30, S. 1]

10 Künzelsau. Nach der Natur gezeichnet und lithographiert von F. Mayer. Um 1825. (Württembergische Landesbibliothek, Stuttgart)

Diese sehnsuchtsvolle Erkundung soll Karl Julius Weber hinunter bis nach Sizilien geführt haben.

Besonders intensiv bereiste Karl Julius Weber das südliche Deutschland, das er nach allen Richtungen durchstreift hat. Er wanderte durch die Rhön, den pfälzischen Haardtwald und mehrfach zum Bodensee, durch Vorarlberg nach Tirol. 1815 war er wieder in Wien und machte sogar einen Abstecher nach Ungarn. Daran schloß sich wohl eine Fußreise über den Semmering durch die Steiermark und Krain nach Triest an. Den Rückweg wählte er über Kärnten und Tirol. 1823 durchmaß er Böhmen und Schlesien und kehrte über Sachsen und Preußen nach Hause zurück. Dazu kommt noch eine ausgreifende Reise durch Norddeutschland – Pommern, Rügen, Mecklenburg, Holstein sowie die Hansestädte. Weiterhin sind noch einige Fahrten an den Rhein sowie nach Frankfurt am Main und in sein geliebtes Nürnberg aufzuführen, ganz zu schweigen von den Badereisen. Noch den Dreiundsechzigjährigen zog es 1830 nach Paris und München, nach Wien und Prag.

Auch in seiner Einsamkeit nahm Karl Julius Weber regen Anteil an dem Gang der politischen Ereignisse. Die Jahre von 1806 bis 1813 beklagte er als »die sieben Jahre der magern Kühe Pharaons, wo man *ernster* wurde, als in sieben Jahrhunderten. Kein freier Gedanke mehr!« [Dld 1, S. 56] Angesichts der Niederlagen Napoleons stimmte er in den patriotischen Jubel ein. Auch die württembergischen Verfassungskämpfe, in denen die Anhänger des »guten alten Rechts« gegen die Pläne des Königs opponierten, verfolgte er aufmerksam. Im Juni 1819 berief König Wilhelm I. eine Ständeversammlung zur erneuten Beratung der Verfassung ein. Am 28. Juni schrieb Weber an die Buchhandlung J. B. Metzler in Stuttgart, die gerade sein erstes Buch über ›Die Möncherey‹ herausbrachte: »Für Ihr Compliment in betreff der Repräsentation [d.i. die Volksvertretung] danke ich Ihnen – leider bin ich von zwey Oberämtern bestürmet worden, habe aber den Sturm standhaft abgeschlagen, so ser [!] mir auch dies unerwartete Zutrauen wert seyn muste.« Zwei Deputationen hatten also Hofrat Weber aufgesucht, um ihn als Kandidaten für die Wahl zur Kammer der Abgeordneten zu gewinnen. Er war zu überrascht und lehnte vorderhand ab, zugleich deutete er aber an, seine Haltung könne sich ändern, zumal er »die höchsten und würdigsten Begriffe mit einem Volksrepräsentanten verbinde«. (DLA Marbach 29. 385)

Seit dem 25. September 1819 hatte das Königreich Württemberg endlich eine neue Verfassung, die neben der badischen als die liberalste in Deutschland galt. »Vor allem war sie, Ergebnis der lebendigen Landtagstradition Altwürttembergs, als einzige nicht ein oktroyiertes Gnadengeschenk des Monarchen, sondern auf Vertrag gegründet«, wie Walter Grube in seinem Standardwerk ›Der Stuttgarter Landtag‹ [Stuttgart: Klett 1957] urteilt. Als eine ruhigere Zeit für die parlamentarische Arbeit vorauszusehen war, entschloß sich Hofrat Weber, die ehrenvolle Wahl als Abgeordneter in die Zweite Kammer anzunehmen. Im Dezember 1819 war er mit 427 Stimmen der 540 Wahlmänner aus dem Oberamt Künzelsau bestimmt worden.

Dieser Vorgang ist nicht dazu angetan, das Bild vom Kauz oder Einsiedler ein wenig zu korrigieren. So spöttisch oder schweigsam, wenn er sein Temperament bezähmte, er im persönlichen und gesellschaftlichen Umgang sein konnte, so beliebt und geachtet muß er in der Öffentlichkeit gewesen sein. »Auf seinen Spaziergängen unterhielt er sich gerne mit dem Landvolke; und manchen Winterabend saß er auch anspruchslos und gemüthlich unter schlichten Bürgern im Wirthshause, die ihn wohl leiden mochten«, teilte sein Bruder mit. [SW 1, S. XLII] Man könnte allerdings einwenden, daß damals der gewöhnliche Wirtshausgast noch nicht berechtigt war, Abgeordnete zu wählen.

11 Karl Julius Weber, 1811
Nach einer älteren Vorlage gestochen von V. Froer

Vier Jahre lang, in der Legislaturperiode von 1820 bis 1823, vertrat Karl Julius Weber Künzelsau im Stuttgarter Ständehaus und trug als Abgeordneter der Zweiten Kammer die vorgeschriebene Amtskleidung mit dem kurzen schwarzseidenen Mantel. Während der Sitzungswochen wohnte er als

Untermieter bei Herrn Brunnarius in der Gymnasiumstraße und verkehrte wie alle seine Kollegen in der großbürgerlichen Museums-Gesellschaft, die über einen Lesesaal verfügte. Weber war ein gewissenhafter Sitzungsteilnehmer, denn die Protokolle verzeichnen ihn kaum einmal als krank oder abwesend. Er war kein großer Debattenredner wie etwa Ludwig Uhland, mit dem er zusammen auf Bitte des Hauses »Dankadressen« an König Wilhelm I. zu formulieren hatte. Wirkungsvoll vertrat er die Gewerbetreibenden des mittleren Kochertals und die Bauern auf der Hohenloher Ebene mit Anträgen und noch lieber in Gesprächen mit hohen Regierungsbeamten, z. B. mit Finanzminister Ferdinand Heinrich August von Weckherlin. So erreichte er schon bald, daß die »Vieh-Handels-Akzise«, eine Umsatzsteuer beim Viehkauf und beim Viehverkauf, zum 1. Juli 1821 wieder aufgehoben wurde; sie hatte sich nachteilig auf die Landwirtschaft im württembergischen Frankenland ausgewirkt. Doch die großen Zeiten des Exports vom Mastvieh – nach Frankreich als boeuf d'Hohenlohe – waren dennoch vorbei. Über seine Tätigkeit als Abgeordneter gab Weber insgesamt achtzehn Mal Auskunft in ›Berichten über die landständischen Verhandlungen an die Oberamtsversammlung in Künzelsau‹, teilweise abgedruckt im Band 28 der ›Sämmtlichen Werke‹ [S. 3–39], vollständig in der ›Hohenloher Chronik‹, der heimatgeschichtlichen Beilage der ›Hohenloher Zeitung‹ [22. Jg., Nr. 2–5 vom Februar bis Mai 1974].

In diesen Mitteilungen spiegelt sich auch »die fatale Sache« Friedrich Lists, des aus Reutlingen gebürtigen Nationalökonomen und Propagators eines deutschen Eisenbahnnetzes. [SW 28, S. 24] Er war Anfang Dezember 1820 in die Abgeordnetenkammer nachgerückt und hatte in einer »Reutlinger Petition« Mißstände in Verwaltung und Rechtssprechung benannt, deren sich die Volksvertreter anzunehmen hätten, und vierzig Forderungen erhoben. »Ein oberflächlicher Blick schon auf die inneren Verhältnisse Württembergs muß den unbefangenen Betrachter überzeugen, daß die Gesetzgebung und Verwaltung unseres Vaterlandes an Grundgebrechen leiden, welche das Mark des Landes verzehren und die bürgerliche Freiheit vernichten. [...] Wo man hinsieht, nichts als Räte, Beamte, Kanzleien, Amtsgehilfen, Schreiber, Registraturen, Aktenkapseln, Amtsuniformen, Wohlleben und Luxus der Angestellten bis zum Diener herab. – Auf der anderen Seite Unwert der Früchte, Stockung der Gewerbe, Fallen der Güterpreise, Klagen über Geldmangel und Abgaben, Steuerpresser [...], Jammer und Not überall.« [Paul Gehring: Friedrich List. Jugend- und Reifejahre. 1789–1825. Tübingen: J. C. B. Mohr 1964, S. 416]

Die Petition rief den allerhöchsten Unwillen König Wilhelms I. hervor, und Friedrich List wurde von der Polizei verhört und wegen Staats- und Majestätsverbrechen angeklagt. Nach der Verfassung konnte niemand Ständemitglied sein, der in eine Kriminaluntersuchung verflochten war. Am 7. Februar 1821 verteidigte sich Friedrich List gekonnt »unter dem schallenden Gelächter« der gewählten Volksvertreter, wie Karl Julius Weber seinen Wählern berichtete, und er fügte hinzu, dies sei bisher »die einzige echt freisinnige Sitzung« [Hohenloher Chronik 1974/4, S. II] gewesen. Als einen Tag später der Heilbronner Abgeordnete Schreiber eine Eingabe von Stadträten und Mitgliedern des Bürgerausschusses zugunsten von List vorlas, schlug die Stimmung um, weil sich die Mitglieder der Kammer von außen bedrängt fühlten. Im allgemeinen Tumult wurden harsche Äußerungen protokolliert, auch von Weber: »Solche Dinge führen zur Sansculotterie«, d. h. zu Zuständen wie während der Französischen Revolution. [SW 28, S. 26] Nachdem der König durch seinen Justizminister mit der Auflösung des Landtags gedroht hatte, kam es am 24. Februar 1821 zur entscheidenden Sitzung in dieser Sache, »die uns so viele besser anzuwendende Zeit und Geld geraubt, und den Partei-Haß auf's Höchste gesteigert hat«. List wurde mit 56:30 Stimmen aus der Kammer hinausvotiert. »Unglaublich war der Zudrang zu den Gallerien, selbst badische Repräsentanten sind hier.« [SW 28, S. 24 f.] Auch Weber hat den Ausschluß befürwortet.

Webers Kampf gegen den Nachdruck

Mit einer bedeutsamen Initiative hat Karl Julius Weber versucht, aktiv auf die gesetzgeberische Arbeit der Zweiten Kammer des Königreichs Württemberg Einfluß zu nehmen. Dem noch unbekannten Schriftsteller – der erste Band seiner ›Möncherey‹ war gerade erschienen – ging es dabei um den Schutz geistiger Rechte von Autoren und Verlegern, deren erfolgreiche Titel im Königreich Württemberg ohne Absprache und Honorarzahlungen nachgedruckt werden konnten. Das Risiko der Erstauflage trug der Verleger; der Nachdrucker hingegen suchte sich auf dem Markt die Bestseller heraus, wie man heute sagen würde.

Schon am 24. März 1820 unterbreitete der Abgeordnete Weber dem Hohen Haus eine »Motion gegen den Nachdruck«, einen Antrag also, diesen zu verbieten. Am 13. Dezember wiederholte der Rechtsanwalt und spätere Obertribunalprokurator Albert Schott (1782–1861) das Ansinnen, und zwei Tage später wurde eine fünfköpfige Kommission gewählt, die den Antrag begutachten sollte. Neben Karl Julius Weber gehörte ihr auch der Verleger

Johann Friedrich Freiherr Cotta von Cottendorf an. Am 23. Mai 1821 wurde der Kommissions-Bericht von Weber vorgelegt – er ist zu guten Teilen am Schluß dieses Kapitels wiedergegeben – und am 5. Juni in der Zweiten Kammer debattiert. Ludwig Friedrich Griesinger, ein weiteres der fünf Ausschußmitglieder, begründete, nach dem Naturrecht und nach dem Zivilrecht sei der Nachdruck auf jeden Fall rechtmäßig. »Der Nachdrucker, der von dem Verleger ein Exemplar kaufe, um es nachzudrucken, werde rechtmäßiger Eigenthümer desselben, und könne Alles damit anfangen, was ihm beliebe. Er werde, wie jeder Buchkäufer, nicht nur Eigenthümer des Papiers und der Drucker-Schwärze, die darauf befindlich sey, sondern auch des Inhalts.« [Verhandlungen in der Kammer der Abgeordneten des Königreichs Würtemberg im Jahre 1821. Amtlich hrsg. von dem Prälaten J. C. Schmid. Stuttgart: J. B. Metzler/ J. F. Steinkopf, 14. Abt., S. 1215 bis 1256; die folgenden Zitate aus diesem Druck.] Leider werde zwischen Autorschaft und Eigentum nicht »gehörig unterschieden, sondern Gedanken-Eigenthum, oder Autorschaft mit Buch-Eigenthum verwechselt.[...] Das Gedanken-Eigenthum, die Autorschaft, bleibe dem Verfasser des Buchs immer, wenn es auch nachgedruckt werde.« Es könne Fälle geben, räumte Griesinger ein, bei denen der Nachdruck zu mißbilligen sei. »Wenn ein reicher Mann einem armen Verleger oder Schriftsteller ein Buch nachdrucke, für das dieser einen sehr mäßigen Preis gesetzt habe, – so handle er unmoralisch und schlecht. Aber, wenn ein armer Mann einem reichen Verleger ein Buch nachdrucke, wofür dieser noch sogar einen unverschämten Preis angesetzt, [...] so könne die Moral durchaus nichts dagegen einwenden.« Zudem komme durch den Nachdruck viel Geld ins Land, das sonst hinausginge.

Prälat v. Abel hielt dagegen, der Gelehrte verkaufe sein Manuskript an den Verleger, und dieser verkaufe sodann »die gedruckten Exemplare, und zwar den materiellen und geistigen Inhalt derselben, nicht aber auch das Recht, die Schrift nach Belieben durch den Druck zu vervielfältigen und sie dann zu verkaufen –, kurz, nicht auch das *Verlagsrecht*«. Der Gewinn durch Nachdruck sei also »ein Gewinn durch Diebstahl«. Der Abgeordnete Albert Schott erinnerte daran, daß Lacanal 1793 in einem Bericht für die Französische Nationalversammlung kurz und bündig ausgeführt habe, »daß die Arbeiten eines Schriftstellers deswegen nicht durch den Druck öffentliches Eigenthum in dem Sinne, wie es die litterarischen Corsaren nehmen, werden können, weil der Schriftsteller dieses Eigenthum nur durch den Druck benuzen [!], und die Benutzung durchaus nicht möglich seyn könne, ohne in demselben Augenblicke aufzuhören«.

Ludwig Uhland gestand, daß ihn keine subtilen Begriffe vom literarischen Eigentum leiten; für ihn reduzierte sich alles auf die Frage: »Soll der Staat dem Schriftsteller und seiner Familie dasjenige schützen, was er jedem Taglöhner schützt, den Lohn seiner Arbeit! Es geschehe in Teutschland nicht zu viel für die Literatur; aber das sollte geschehen, was man sonst in andern Verhältnissen nicht als eine Wohltat betrachte, sondern als eine Sache der Gerechtigkeit: daß auch dem Schriftsteller die Früchte seiner Arbeit unter das Gesetz gestellt werden.« Schon 1818 habe sich eine Akte des Deutschen Bundes gegen den Nachdruck ausgesprochen, doch geändert habe sich nichts.

Der Verleger Cotta berichtigte erst einmal »die groben und unbegreiflichen Irrthümer« wegen der Autorenhonorare. Doch die Hauptfrage sei: »Ist das literarische Product ein Eigenthum? darüber habe Herr Griesinger selbst entschieden, indem er alles, was man producire, für Eigenthum erklärte. Nun möchte er wissen, ob dasjenige, was man geistig producire, nicht das unbedingteste, das heiligste Eigenthum sey, und wenn das also sey, so müsse es einem jeden erlaubt seyn, von diesem Eigenthum jeden Nutzen zu ziehen, den man vom Eigenthum überhaupt zu ziehen berechtigt sey.«

Zum Schluß der Debatte wurde über die Frage abgestimmt, »soll die Regierung um Mittheilung eines Gesetzes-Entwurfs über den Nachdruck gebeten werden«? 40 Ja-Stimmen standen 40 Nein-Stimmen gebenüber; in dieser Pattsituation gab Präsident Jakob Friedrich Weishaar den Ausschlag: Abgelehnt! Der weitere Antrag, die Regierung des Königreichs Württemberg solle sich beim Deutschen Bundestag in Frankfurt dafür verwenden, daß im ganzen Bund eine durchgreifende Gesetzgebung in Sachen Nachdruck eingeleitet werde, dieser Antrag wurde mit 64:16 befürwortet. Es versteht sich, daß der Abgeordnete Weber von diesem Ergebnis tief enttäuscht war. Es sollte noch lange dauern, bis das Königreich Württemberg den Nachdruck für illegal erklärte.

»Entwurf des commissarischen Berichts, den Bücher-Nachdruck betreffend. Verfaßt und vorgetragen von dem Abgeordneten *Carl Weber* im Mai 1821 [SW 28, S. 40–49]

Deutschland, das mit Wohlgefallen auf das constitutionelle Württemberg blickt, und vorzugsweise dem Schwaben das Lob der Rechtlichkeit und Biederkeit zugesteht, kann nicht begreifen, wie gerade in diesem beglückten Lande, unter diesem biedern Volke, und unter einer durch Humanität so ausgezeichneten Regierung das ehrlose Handwerk des Bücher-Nachdrucks seinen Hauptsitz habe, und literarische Corsaren vom Neckar aus hier vorzugsweise das übrige Deutschland ungeahndet brandschatzen.

Die öffentliche Meinung erklärt sich laut und bestimmt gegen den Nachdruck, und daher scheint die Ehre dieser ständischen Versammlung zu fordern, diesen Gegenstand, bei dessen Namen man kopfschüttelnd auf Württemberg deutet, öffentlich zur Sprache zu bringen, und solchen der Aufmerksamkeit einer Regierung, die so vielen andern als Muster vorangeeilt ist, dringend zu empfehlen. Der Schandfleck, ein Asyl der Raubdrucker zu seyn, muß von Württemberg genommen werden; ein hochcultivirtes Volk muß auch moralisch seyn, und darf Nachdrucker nicht länger hegen, schützen oder gar ermuntern [...]. So denkt die Majorität ihrer niedergesetzten Commission mit Abweichung eines Mitglieds, das sich zunächst an die rechtliche Ansicht halten zu müssen glaubt. Der Commission ist sehr gut bekannt, was sich juristisch politisch zur Vertheidigung des Nachdrucks sagen läßt, oder auch gesagt und gedruckt worden ist, sie glaubt aber auch, daß es württembergischen Ständen wohl anstehe, den moralischen Gesichtspunkt in's Auge zu fassen, das *honestum et decorum.* Gewisse Paradoxen und scharfsinnige Sophistereien schmeicheln dem Verstande, und man bekennt sich dazu, um seinem Kopfe eine Art Kompliment zu machen, während man schwerlich selbst Nachdrucker seyn möchte. Man vergißt, daß gewisse Sätze des Naturrechts dem Staate durchaus nicht mehr anwendbar, oder modificirt werden müssen, gerade darum, weil im Staate so verwickelte Verhältnisse eintreffen, die der einfache Naturmensch gar nicht kennt, der bekanntlich weder schreiben noch lesen, und noch weniger drucken kann. Aus diesen Quellen scheinen alle Scheingründe für den Nachdruck zu fließen, die wir nur im Vorübergehen berühren wollen, weil man sich sonst leicht auf der großen weiten Reise juristischer Theorieen [...] verirren und darüber das Praktische vergessen könnte. [...]

Die Bundesakte, Art. 18. Nr. 9., hat die Unzuläßigkeit des Nachdrucks förmlich ausgesprochen.

Die Vertheidiger des Nachdrucks läugnen das Daseyn eines geistigen Eigenthums, erklären den Bücherverlag für ein dem Publikum schädliches Monopol, und glauben den Buchhändlern [...]. Niemand bestreitet dem Schriftsteller sein Geistes-Eigenthum, so lang es noch Handschrift ist; dieses Erzeugniß des Genies kann nicht anders gemeinnützlich werden, als durch den Druck, und in diesem Augenblick soll er es auch verlieren, weil es gedruckt ist. Soll das Genie allein rechtlos seyn? Cella's Beispiel scheint sehr treffend, entlehnt von dem Eigenthümer eines Lustgartens, der hundert

Schlüssel dazu ausgetheilt hat; wenn nun einer von diesen hundert seinen Schlüssel abermals hundertmal nachmachen, und seinerseits austheilen wollte; würde der Garten-Eigenthümer diese hundert Nachschlüssel nicht mit Recht als Dieteriche oder Diebschlüssel ansehen können? [...]

Wolle und Farbe sind das Wesentliche des Tuchs, aber der Raubdrucker gibt bloß schlechtes Papier und schwarze oder graue Farbe, und wem könnte es einfallen, Löschpapier und Druckerschwärze für das Wesentliche eines Buchs zu halten? Was würde man sagen, wenn Jemand ein Einlaß-Billet in's Theater oder Concert nachdrucken, und an die Liebhaber verkaufen wollte? Und thut der unverschämte Nachdrucker weniger? Man kann annehmen, daß etwa der achtundvierzigste Theil der Bücher nachgedruckt wird, da der Nachdrucker nur über das Allergangbarste herfällt. Von achtundvierzig Verlags-Artikeln pflegen etwa vier bedeutenden Gewinn abzuwerfen, acht ordentlich zu rentiren, sechszehn die Kosten zu ersetzen, zwanzig aber Schaden zu bringen. Der redliche Verleger verdient daher um so eher des Staates Schutz, da seit einigen Jahren, wo unter uns das Nachdruckerhandwerk *en gros* und fabrikmäßig betrieben wird, jenes Verhältniß längst überschritten ist, und die Nachbarstaaten württembergische Verlags-Artikel im Weg der Retorsion leicht für vogelfrei erklären dürften. [...]

Unser größter Denker Kant, dem die Theorie von der Unrechtmäßigkeit des Nachdrucks aus dem Prinzipe des Eigenthums doch nicht so ganz zu genügen schien, stützt sich auf die Lehre von *negotiorum gestio*, der Verleger ist ihm der Geschäftsträger des Schriftstellers, der Nachdrucker mischt sich unbefugterweise ein, thut den Geschäften beider Abbruch, und muß folglich den Schaden vergüten. Diese kantische Idee hält die Mitte zwischen denen, die den Nachdruck zum förmlichen Diebstahl machen möchten, und denjenigen, welche wenigstens ungerecht zugefügten Verlust darin erblicken, und dem Autor oder Verleger *actio in factum* verstattet wissen wollen. Und in der That, wenn es erlaubt ist, für geistigen Aufwand und Ausgaben sich von so vielen Käufern als möglich entschädigen zu lassen, durch den berechneten Preis einzelner Exemplare, so stiehlt ja offenbar der Nachdruck durch wohlfeilere Preise Käufer und Entschädigung. Ist ein Honorar gerecht, so ist der Nachdruck ungerecht. Alle Arbeiter lassen sich zahlen, und genießen des Staates Schutz. Und dem Gelehrten allein, dem sein Brod nicht der freigebige Staat, sondern der deutsche Buchhändler spärlich zumißt, oder den er auf die Furcht vor dem Nachdruck hinweist, will man zumuthen, seine Produkte zu verschenken? Wenn man dem Verleger die Lesewelt frei zu halten nicht zumuthen darf, so darf man es noch weit weniger den eigentlichen Erzeugern der Bücher, ohne die unsere jetzige Welt nicht mehr leben könnte, gegen welche die Verleger nur als Mäkler erscheinen, die aber das *utile* besser verstehen als solches der in seinen Ideen lebende Gelehrte gewöhnlich zu verstehen pflegt. Der Raubdrucker kauft ein Exemplar, und nimmt sich das Verlagsrecht selbst, der Verleger muß meist wagen – Bücher haben ihre Schicksale – der Nachdrucker aber wagt Nichts, nicht einmal seinen ehrlichen Namen, und dieses ist längst vergriffen.

Es ist nicht zu läugnen gegen die Gegner, daß z. B. die bekannten Schmiderischen Nachdrücke unserer deutschen Klassiker ungemein viel zur Verbreitung derselben beigetragen haben, aber würde es nicht zu weit führen, wenn man das Böse darum erlauben wollte, wenn Gutes daraus hervorgehen könnte, und erscheint es nicht sonderbar, eine förmliche Ungerechtigkeit als Hülfsmittel der Aufklärung begünstigen zu wollen. St. Crispinus ist wahrlich nicht deßwegen ein Heiliger, weil er Reichen das Leder stahl, um Armen Schuhe daraus zu machen. Der schmutzige Nachdrucker greift eben so leicht auch das Schlechte, Gemeine und Schmutzige auf. Beckers Rathgeber vor, nach und bei dem Beischlaf wird im Nachdruck von Hausirjungen zu Tausenden wieder an andere Jungen verkauft, und das Reutlinger Erzeugniß, der Judenspiegel, verdient die Verachtung eines rechtlichen Volkes.[...]

Nachdruck vertheuert im Grunde die Bücher, statt sie wohlfeiler zu machen. Wenn der Kornhändler Würmer und Mäuse auf seinem Boden vertilgen könnte, so könnte er offenbar sein Korn wohlfeiler liefern. Aus Furcht vor Nachdruck unterbleibt manches gelungene Werk, und an verbesserten und vermehrten Auflagen ist gleichfalls weniger zu denken. Wenn auch ein deutscher Verleger den kühnen Entschluß fassen wollte, eine Prachtausgabe zu liefern, so hinderte ihn die zu besorgende Schmutz-Ausgabe des Bücher-Capers. Und ist es ehrenvoll für einen liberalen Staat, sich durch Contreband bereichern zu wollen, und über einen kleinstädtischen Gewinn Gerechtigkeit und Ehre mit Füßen zu treten, zum schlimmsten Beispiele für die Staatsbürger? Ist es nicht beschämend für den Staat, sich mit dem schmutzigen Winkeldrucker gleichsam in gleiche Linie zu stellen, und weniger zu thun als Privat-Gesellschaften, die aus Recht- und Ehrgefühl sich verbunden haben, keine Nachdrücke zu kaufen, so wie keine Luxus-Waaren des Auslands? [...]

Das National-Convent dekretirte am 19. Juli 1793 auf Lacanals Vortrag einstimmig: die Schriftsteller, Compositeurs, Maler, Zeichner sollen ein lebenslängliches ausschließendes Recht auf den Verkauf ihrer Werke haben, und ihre Erben zehn Jahre, Nachdrücke sollen confiscirt werden, jeder Nachdrucker den Werth von 3000 Exemplaren dem rechtmäßigen Besitzer ersetzen, auch der die Nachdrücke Andern verkauft, soll in Ersatz des Werths von 500 Exemplaren des Originals verfallen seyn. Und diese Gesetzgebung hat die Güte bis jetzt nach beinahe dreißig Jahren bewährt, unser Buchhandel muß sich schämen an den schönen französischen Bücher-Ausgaben. [...]

Man darf nur außer Schwaben gehen, um recht lebhaft davon überzeugt zu werden. Sonst sprach man nur vom Reiche der Schreiber und der Magister, wenn man von den Merkwürdigkeiten Württembergs im Auslande sprach, jetzt sind die Nachdrucker an die Stelle der Magister getreten. Unter diesen Voraussetzungen nun glaubt Ihre Commission darauf antragen zu müssen, daß die Regierung gebeten werden möge, bei der im Werke begriffenen Gesetzgebung auch diesem Gegenstand, einem Gegenstand der Nationalehre, ihre Aufmerksamkeit zu schenken, und einen Gesetzes-Entwurf gegen den Nachdruck ihr zugehen zu lassen. Wir glauben es der höhern Weisheit derselben überlassen zu dürfen, ob nicht nach dem Vorgange anderer Staaten und zur Ehre der Wissenschaften dem Schriftsteller und Verleger eine Entschädigungs-Klage gegen den Nachdrucker eingeräumt, das Eigenthum beider unter den Schutz des Staats gestellt, und überhaupt hiebei die französische Gesetzgebung zum Muster genommen werden wolle. Zehn Jahre nach des Schriftstellers Tod möchte das Werk Gemeingut seyn, da derjenige Verleger, der binnen dieser Zeit sein Kapital nicht herausgeschlagen hat, es wohl nie herausschlagen dürfte. [...]

Der Bundestag hat sich bereits rühmlich mit diesem Gegenstande befaßt, und nur von der Gemeinkraft deutscher Nationen erwarte ich, daß dem Unfug Ziel und Maß gesetzt werde. Aber es dünkt mir doch, daß es schön seyn, und zur Ehre dieser Stände-Versammlung gereichen würde, wenn in ihrer Mitte die Sache zur Sprache käme, vielleicht der erste Impuls von ihr ausginge. Bei der Gesetz-Revision wird auf jeden Fall der Gegenstand in Berathung kommen müssen, wenn wir anders noch länger den Namen führen wollen, den ich stets im besten Sinne genommen habe, den Namen: »ehrliche Schwaben.« [SW 28, S. 40–49]

Nach vier Jahren als Volksvertreter im Stuttgarter Ständehaus war Karl Julius Weber froh, dieser Bürde ledig zu sein. »Und wie habe ich diese Rolle gespielt? Es thut mir leid, daß ich mich darüber nicht ganz unumwunden aussprechen kann, um diejenigen, die mich mit ihrem Vertrauen beehrten, vollkommen zu überzeugen, daß ich ein wahres Opfer gebracht habe durch die Annahme dieser Rolle, noch weit mehr aber durch meine Ausdauer. Mein kleiner schwarzseidener Mantel drückte mich oft schwerer als der grobwollene blaue auf dem Gymnasium zu Oehringen. Mit dem besten Willen und ächter Vaterlandsliebe habe ich weniger gethan, als ich wohl hätte thun können, gesprochen ohnehin weniger, als ich leicht hätte sprechen können, worauf es jedoch am wenigsten ankommt, aber das Warum müssen sie mir schenken. [...]

Ich hatte nicht das Glück, das Vertrauen des großen Haufens in der Versammlung zu gewinnen, woran wohl meine Persönlichkeit weniger Schuld seyn mag, als mein Hofraths-Charakter und meine frühern Verhältnisse, mein Umgang mit den höhern Staatsdienern. Auch wird noch viel Wasser den Neckar hinabfließen, bis die Altglaubigen glauben werden, daß die Neuglaubigen, von denen sie doch manches Bessere lernen könnten, auch Glauben haben. Es ist ein kleines Unglück, aber unser größtes und bleibendes Unglück ist, daß wir große kostspielige, königliche Formen haben, und des Besten ermangeln, eines Königreichs.« [SW 28, S. 38 f.]

Altglaubige – Neuglaubige: Der Gegensatz Altwürttemberger und Neuwürttemberger, in Hohenlohe zudem der von Franken und Schwaben, war in dem neuen Staatsgebilde noch zu stark; erst im Verlauf des 19. Jahrhunderts bildete sich in Württemberg ein homogenes Staatsgefühl heraus.

Fortan lebte Karl Julius Weber wieder ausschließlich im Haushalt seiner Schwester Henriette Hammer, wenn er nicht auf Reisen war. Er saß in seinem Studierzimmer, las in seinen Büchern, machte Exzerpte und schrieb an seinen Werken. Einen Totenschädel auf seinem Schreibtisch im Studierzimmer mußte er entfernen, denn die Magd, die sein Bett richtete und saubermachte, bekam Angst und weigerte sich, den Raum zu betreten. Im Winter wurde das Bücherzimmer geräumt: »Ich trage meinen Schreibtisch ins Wohnzimmer, das Bett und Ofen hat, wechsle Pantoffeln gegen Flockschuhe, schließe die Thüre, und so habe ich in einigen Minuten mein Winterquartier geordnet [...]. Ich habe schon manchmal meinen Ofen wie den wärmsten Freund umarmt [...], und wenn die Winde um das Haus heulen, Schnee und Hagel gegen die Fenster prasseln, so dünkt mir mein *Coin au feu,* etwa mit einem Buch oder Pfeife in der Hand, so behaglich, als ein Lager im Schatten einer Palme.« [Dym 1, S. 134, S. 131]

Zwei Jahre vor seinem Tode mußte Karl Julius Weber noch einmal umziehen, von Künzelsau nach Kupferzell. Sein Schwager Ludwig Gottfried Hammer (1767–1848) war als Oberamtman in Künzelsau dienstenthoben worden. Er zog 1830 mit seiner Familie in den Marktflecken Kupferzell – und Weber natürlich mit. Der Fürst Karl zu Hohenlohe-Bartenstein hatte in dem bescheidenen Schloß Kupferzell seinen Sommersitz; er erlaubte dem Hofrat Weber, im Park spazieren zu gehen.

12 Kupferzell. Nach der Natur gezeichnet und lithographiert von F. Mayer. In der Ferne Waldenburg. Um 1825. (Württembergische Landesbibliothek, Stuttgart)

Ungefähr seit 1816/1817 war Karl Julius Weber schriftstellerisch tätig; seit dieser Zeit zog er aus seinen Studien und Exzerpten und aus seinen Reisen den literarischen Extrakt. Er beschrieb die »drei Säulen des Mittelalters«, die ›Möncherey‹, das ›Ritterwesen‹ und das ›Papstthum‹; er lieferte eine vierbändige Beschreibung Deutschlands und schloß mit dem zwölfbändigen ›Dymocritos‹. Daneben sind einige kleinere Arbeiten erschienen, die nicht in die ›Sämmtlichen Werke‹ aufgenommen wurden, sondern 1823 [2. Heft, S. 463 ff.], 1825 (1. Heft, S. 189 ff.] und 1833 [2. Heft, S. 318 ff.] in den ›Würtembergischen Jahrbüchern für vaterländische Geschichte, Geographie, Statistik und Topographie‹ abgedruckt sind: ›Der Viehhandel im Hohenlohischen im Jahr 1823‹, ›Der Honigmann von Büttelbronn‹, eine Abhandlung über die Bienenzucht (1825), und ›Die Reiherhalde zu Morstein (Noch von dem verst[orbenen] Hofrath Weber mitgetheilt.)‹.

Im Herbst 1831 war der 23jährige Maler und Radierer Gustav König, der später wegen seiner populären Illustration der Luther-Bibel den Ehrennamen »Luther-König« erhielt, durch Vermittlung der Tochter des Fürsten von Bayern nach Hohenlohe gekommen; zu sehr bescheidenen Konditionen: Kost und Logis frei, aber kein Gehalt. »Da kannst du malen, was du willst, und morgen – meinetwegen mich«, versicherte der selbstbewußte Fürst dem begabten Porträtmaler. Er hat es selbstverständlich getan, wie sein Biograph August

Ebrard – ›Gustav König. Sein Leben und seine Kunst‹ [Erlangen: Deichert 1871, S. 34] versichert: »Auch Weber, den Verfasser des Demokrit, hat er in Kupferzell kennen gelernt und ihn gezeichnet«, einen abgemagerten Greis, der – auch wenn er sich auf einen Stock stützen muß – noch auf sich hält.

»Ich schreibe diese letzten Betrachtungen in meinem sechsundsechzigsten Jahre in großer Unpäßlichkeit,« hält Karl Julius Weber im vorletzten Kapitel seines ›Dymocritos‹ [Dym 12, S. 165] fest: ›Todesbetrachtungen, und die Todesfurcht in ihrer Lächerlichkeit‹. Darin führt er aus: »Der Tod ist *Auflösung* – und darum nach so vielen Stößen der Menschen und des Geschicks der letzte *Gnadenstoß der Natur*? – er kann kein *Uebel* seyn, da ihn die gütige Mutter *Natur* für *uns alle* bestimmt hat – ein *unvermeidliches Uebel.* [...] ›*Der wohlthätige Schöpfer hat den Tod an das Ende unseres Lebens gesetzt,*‹ sagte jener Kanzelredner, ›*was wäre unser Leben, andächtige Zuhörer! wenn er ihn zu Anfang des Lebens gesetzt hätte? – Nichts! meine Lieben! gar nichts!*‹« [Dym 12, S. 166] [...] »Der Tod ist der einzige wahre *Jacobiner*, der alle *gleich* macht! Er ist der größte Güterbesitzer der Welt, und hat in jedem Dorfe seinen *Acker*!« [Dym 12, S. 170]

Weber ist »ungeheuer neugierig« auf seine »*letzte Wanderung*« [Dym 12, S. 175]. »Der Tod ist kein furchtbares Knochengerippe, sondern ein freundlicher Genius, der uns die lebensmüden Augen zudrückt zum ewigen Schlafe!« [Dym 12, S. 184] »Sie mögen meine Lieblingsblume – eine Rose – auf den Hügel pflanzen – ihre Kinder mögen auf dem Grabe Burzelbäume schlagen [...] Wollen sie aber lieber einen Baum pflanzen, so sei es statt der Trauercipresse – die *Platane* – der symbolische Baum des Kinderlosen – meinetwegen auch eine *Tabackspflanze* – wollen sie aber durchaus mein Grab mit einem *Stein* beschweren, so sei ihnen auch dieses nachgelassen, sie mögen meine *Lieblingsgrabschrift* darauf setzen, die sie kennen –

Hier liegen meine Gebeine,
ich wollt' es wären deine.« [Dym 12, S. 218]

Seine Schwester Henriette, die Karl Julius Weber sein halbes Leben lang versorgt hatte, setzte »dem geliebten Bruder«, der am 19. Juli 1832 nach mehrmonatigem Krankenlager in Kupferzell gestorben war, ein »Denkmal der Liebe und Dankbarkeit«, das sich bis heute an der Mauer des Kupferzeller Friedhofs erhalten hat. Die Schwester und sicher auch ihr Gatte verwarfen die deutsche Inschrift und wählten für den Grabstein einen lateinischen Vierzeiler, den Weber hinterlassen hatte:

13 Karl Julius Weber. Zeichnung von Gustav König. 1831
(Germanisches Nationalmuseum, Nürnberg)

»Jocosus, non impius vixi,
incertus morior, non perturbatus,
humanum est nescire et errare
Ens Entium! miserere mei!!«

(Ich scherzte gern, doch gottlos lebt ich nicht.
Ich weiß im Sterben Nichts, doch fürcht' ich kein Gericht.
Der Menschheit Loos ist: Irren, unwissend seyn.
Du Wesen aller Wesen! Erbarm' Dich mein!) [SW 27, S. 265]

Karl Julius Weber, der ein exzellenter Lateiner war, hat diese Grabinschrift jedoch nicht selbst verfaßt; er hat sie vielmehr übernommen, wie Konrad Betz nachgewiesen hat [Württembergisch Franken, 1988, S. 369 ff.]. Zweimal war Weber in London und besuchte dort selbstverständlich auch die Westminster-Abtei. In der Kapelle Heinrichs VII. befindet sich das aufwendig gestaltete Epitaph für John Sheffield, den ersten Herzog von Buckingham, gestorben 1721:

»Dubius, sed non Improbus Vixi.
Incertus morior, non Perturbatus:
Humanum est Nescire et Errare.
Deo confido
Omnipotenti Benevolentissimo;
Ens Entium! miserere mei!«

In der ersten Zeile steht »dubius« für »jocosus«, ein skeptischeres Wort als das, das Weber gewählt hat. »Improbus« und »impius« sind gleichbedeutend. Weggelassen hat der Freigeist Weber jedoch die Zeilen 3 und 4, die Anrufung des allmächtigen und stets wohlwollenden Gottes.

Am 19 Jul. starb zu Kupferzell der Schriftsteller Karl Weber, früher gräfl. Erbachischer Hofrath, später einige Jahre hindurch Abgeordneter bei der würtembergischen Ständeversammlung. Die bekanntesten seiner Werke, welche größtentheils nicht unter seinem Namen erschienen, sind die Möncherei und die Briefe eines in Deutschland reisenden Deutschen.

14 Todesanzeige aus der Beilage zur ›Allgemeinen Zeitung‹, Nr. 216, vom 3. 8. 1832, S. 862

Karl Julius Webers 150. Geburtstag ist im Kriegsjahr 1917 von den Zeitungen, nicht nur in Württemberg, in Gedenkartikeln zur Kenntnis genommen worden. Noch breiter waren dann die Würdigungen zu seinem 200. Geburtstag im Jahre 1967. Als am 19. Juli 1982 der 150. Todestag zu respektieren war, wurde an Webers Grab in Kupferzell eine Feierstunde arrangiert, bei der die Bürgermeister von Langenburg, dem Geburtsort, und von Kupferzell, dem Sterbeort, sprachen. Zum Schluß zündete sich jeder eine Zigarre an und sandte Qualmwolken gen Himmel.

15 Waldenburg

 16 Jagsttal

17 Bildstock bei Schöntal

 18 Kupferzell. Schloßpark

19 Grabstein von Carl Julius Weber auf dem Friedhof von Kupferzell

 20 Eichenhain bei Langenburg

21 Fischteich in Bächlingen/Jagst. Im Hintergrund Schloß Langenburg

 22 Bei Waldenburg

23 Blick vom Schloßgarten in Langenburg auf das Jagsttal bei Bächlingen

 24 Schloß Langenburg

25 Kapelle von Neusaß

 26 Bei Tierberg

27 Kochertal

 28 Jagsttal bei Oberregenbach

29 Zwischen Kocher und Jagst

 30 Schloß Tierberg

Die aufklärerischen historischen Schriften

Karl Julius Weber hatte erst als gereifter Mann mit einer gefestigten Weltanschauung zu schreiben begonnen – und geschrieben hat er nur fünfzehn Jahre lang. 1818 erscheint der erste von drei Bänden über die ›Möncherey oder geschichtliche Darstellung der Kloster-Welt‹. Seine Schriften wirken deshalb recht einheitlich, ja oft wiederholen sich Gedankengänge und Aussagen, wenn er auf gewisse Personen oder Ereignisse zu sprechen kommt. In allen Veröffentlichungen spiegelt sich seine Persönlichkeit mit ihren negativen und positiven Zügen; ein Reiz, der anspricht, der sogar anheimelt, der aber auch durch das Zeitbedingte verblaßt. Diese Art zu schreiben, war die Frucht einer egozentrischen Selbstbesinnung nach seiner Lebenswende von 1804 und ergab »eine unwillkürliche, nach seiner Natur und Gewohnheit ihn einmal beherrschende Richtung und Art, offen zu reden und zu handeln, und beim Denken und Schreiben viel mit seinen Lebensbildern, Lieblingsideen, mit sich selbst zu verkehren. Darum mußte so viel Persönliches [...] in alle seine Schriften übergehen«. [SW 1, S. LVII]

Der Autor verbarg sich zu Lebzeiten hinter namenlosen Titelblättern; er veröffentlichte anonym, was in der Zeit so ungewöhnlich nicht war. Als der erste Band seines später bekanntesten Werks, des ›Dymocritos‹, kurz vor seinem Tode erschien, enthielt das Titelblatt die Erklärung: »Von dem Verfasser der Briefe eines in Deutschland reisenden Deutschen«, ein Hinweis auf Webers damals erfolgreichstes Buch. Obwohl das Publikum in Todesanzeigen und Nachrufen den Namen des Schriftstellers Karl Julius Weber erfahren hatte, wurde weder bei den folgenden elf Bänden des ›Dymocritos‹ noch in späteren Auflagen das Titelblatt geändert; es handelte sich stets um die ›Hinterlassenen Papiere eines lachenden Philosophen‹. Webers Name war offensichtlich bei diesem verlegerischen Selbstläufer nebensächlich, und sein ›Dymocritos‹ näherte sich im 19. Jahrhundert der anonymen Volksläufigkeit anderer Lesestoffe an wie die Schwanksammlungen.

»Wenn ich gut schreiben soll, muß ich frei schreiben, dreist, weil ich mit leserlicher Dinte, die viel Vitriol hat, schreibe.« [SW 28, S. 52] Das teilte Karl Julius Weber dem Abgeordneten Lang mit, der ihn – vergeblich – zur Mitarbeit an seiner Zeitung aufgefordert hatte. Auf der anderen Seite war Weber empfindlich gegen tadelnde Rezensionen, und es fehlt in seinen Schriften nicht an bissigen Bemerkungen über Rezensenten und »Rezensions-Orakel«. Besonders scharf wurde er in einem Fall, als er die Anonymität seines ersten Buches

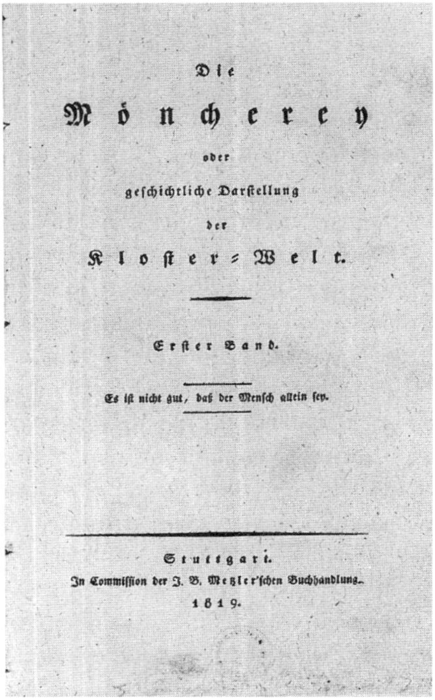
Die
Möncherey
oder
geschichtliche Darstellung
der
Kloster-Welt.

Erster Band.

Es ist nicht gut, daß der Mensch allein sey.

Stuttgart.
In Commission der J. B. Metzler'schen Buchhandlung.
1819.

31 Titelblatt des ersten Bandes

über die ›Möncherey‹ durchschaut sah und eine kritische Besprechung in den ›Göttinger gelehrten Anzeigen‹ von 1822 als einen persönlichen Angriff wertete. Weber hatte die Vorrede mit C. J. W. unterzeichnet, »Sie [der Rezensent] aber nennen mich C. J. W...r! Ey! Ey! welche Blöße, wenn man Eingangs ausdrücklich versichert, den Namen *durchaus nicht zu kennen*!!!« [Wek, S. 7]

Zehn Bände, also rund ein Drittel der ›Sämmtlichen Werke‹, machen Webers historische Schriften aus. Allein schon dieser beträchtliche Umfang nötigt dazu, einen Blick auf sie zu werfen, obwohl sie als erste vergessen waren und heute in keinem Kompendium der deutschen Historiographie erwähnt werden. In diesen Werken zeigt sich besonders deutlich, wie stark Weber der Aufklärung des 18. Jahrhunderts verhaftet und verpflichtet war. Dabei ist Aufklärung nicht als Epoche und noch weniger als Stilbegriff gemeint, sondern als jene weltanschauliche Haltung, die durch den Gedanken an die Vernünftigkeit und an die Mündigkeit des Menschen gekennzeichnet ist. Immanuel Kant: »Aufklärung ist der Ausgang des Menschen aus seiner selbstverschuldeten Unmündigkeit.«

Die Geschichtsschreibung, die zuvor von der Autorität biblischer und antiker Überlieferungen belastet und in ihrer Darstellung späterer Zeitabschnitte von der Vermittlung reiner Fakten beherrscht war, wurde in Frankreich von Voltaire und Montesquieu, in England von William Robertson und Edward Gibbon von Grund auf geändert. Diese französischen, englischen und später auch die deutschen Historiker entwickelten ein neues Weltbild: Sie maßen die Epochen und ihre Träger mit der Meßlatte der Vernünftigkeit. Es war naheliegend, daß das Schlagwort vom »finsteren Mittelalter«, dessen sich schon die Humanisten bedient hatten, wieder auferstand. Man bedauerte die allgemeine Verfinsterung der Religion im Mittelalter und den gleichzeitigen Niedergang von Kunst und Philosophie. Durchgängig folgte man dabei diesem Schema für den kulturgeschichtlichen Verlauf: Unter Kaiser Augustus der Höhepunkt antiker Kunst und Bildung; dann beginnt ein Niedergang, der seinen Tiefstand um 1100 erreicht; im späten Mittelalter bricht erstes Morgenlicht durch, das sich im 18. Jahrhundert zur strahlenden Mittagssonne erhellt. Parallel dazu geht die Metaphorik vom Wachsen des Geistes, der im Mittelalter seine Kindheit durchlebt. »Aber aus den Begriffen der Einheit des menschlichen Geschlechtes, des Zusammenhanges der Erscheinungen seiner Kultur in jeder Epoche, der Entwicklung zur großen Zivilisation der Gegenwart erwuchs nun auch die Aufgabe, die *Linie* des Fortschrittes zu beschreiben, welche von der Barbarei der primitiven Zustände emporführt zu der Errichtung der großen Monarchien, der Ausbildung einer allgemeingültigen Wissenschaft, der Aufklärung und Gesittung.« [Wilhelm Dilthey, Das achtzehnte Jahrhundert und die geschichtliche Welt, in: W. D., Gesammelte Schriften, III. Bd. Stuttgart: B. G. Teubner/Göttingen: Vandenhoeck & Ruprecht 1959, S. 230 f.]

Die Zahl der Erben und Popularisierer des rationalistischen Weltbilds in Deutschland ist Legion. Bis auf die genialen Außenseiter Justus Möser und Johann Joachim Winckelmann waren es meist Professoren, die sich systematisch der neuen Geschichtsbetrachtung zuwandten. Der bedeutendste Historiker dieser Richtung war der schon erwähnte Göttinger Professor August Ludwig von Schlözer, der durch seine ›Staatsanzeigen‹ (1783-1795) nachhaltig als Publizist wirkte. Weber hatte ihn während seines Studiums 1789 kennengelernt, und er war seinen Landsleuten Gottlieb Jakob Planck und Ludwig Timotheus Spittler begegnet. Planck lehrte Dogmengeschichte, Spittler die Geschichte der Kirchen seit den Aposteln. Besonders Spittler, der das Christentum als eine sich entwickelnde Größe betrachtete, beeindruckte den jungen Weber nachhaltig. »*Spittler*, der geistvolle Mann, hielt 1789 zu Göttingen *öffentliche Vorlesungen über auserlesene Capitel der Geschichte der geistlichen Orden* – sollte sich die Handschrift nicht mehr unter seinem Nachlasse vorfinden, die auch als bloßer Entwurf von einem *solchen* Manne Werth haben müßte?« [Mön 3. 2, S. 404] Weitere akademische Lehrer Webers waren der schon genannte Johann Gottfried Eichhorn und Christoph Meiners, der sich ausschließlich der Kulturgeschichte widmete.

»Als ein junger Mann schon interessirte sich *Weber* vorzugsweise für die Geschichte des Mittelalters und dessen Hauptpotenzen – das *Papstthum, Mönchs-* und *Ritterwesen*«, berichtet sein Bruder. [SW 1, S. LX] »In seinen damaligen Verhältnissen zu Mergentheim lebte er meistens mit Katholiken, verkehrte viel mit deutschen Rittern, besuchte häufig verschiedene Klöster, hatte die an historischen Werken, namentlich über die Ritter- und Mönchsorden reiche Deutsch-Ordens-Bibliothek zur Hand [...]. Die Folge davon war: daß er in jener Zeit schon Materialien zu eigenen geschichtlichen Darstellungen über das Papstthum, Mönchs- und Ritterwesen sammelte, und solche zum Theil auch schon zu verarbeiten anfing. Namentlich datirt sich von daher der erste Entwurf seiner *Möncherei*.« [SW 1, S. LX] Dazu hat er wohl in Mergentheim und auf seinen Reisen Handschriften eingesehen, regelrechte Archivstudien hat er jedoch nie betrieben. Wie fast alle Historiker seiner Zeit sammelte er sein Material ausschließlich aus Druckwerken; seine wichtigsten Quellen gab er am Ende seiner Bücher an. Leider schenkte er sich im Text die Anmerkungen mit dem Bonmot, wenn das Haus fertig sei, könne das Gerüst fallen. Das mindert den Wert seiner mehrbändigen Geschichtswerke, die von großer Belesenheit zeugen.

Zwischen 1818 und 1820 – auf den Titelblättern stehen die Jahreszahlen 1819 und 1820 – erscheint also in Kommission der J. B. Metzler'schen Buchhandlung in Stuttgart Karl Julius Webers dreiteiliger Erstling: ›Die Möncherey oder geschichtliche Darstellung der Kloster-Welt‹ in vier Bänden. Der geplante Zusatz »und ihres verderblichen Geistes« wurde auf Webers Bitte gestrichen. Doch das Motto des ersten Bandes: »Es ist nicht gut, daß der Mensch allein sey«, sagt genug über die Tendenz der 1700 Seiten umfassenden Schrift. Das Werk fand bei den Lesern nur geringe Resonanz. Brieflich drängte Weber am 25. Januar 1819 den Verleger Heinrich Erhard auf rasches Erscheinen der anderen Bände, weil er nach den restaurativen Karlsbader Beschlüssen fürchtete, »daß wir, trotz unserer liberalen Constitution, troz [!] der liberalen Gesinnung des Königs u. seiner Minister u. trotz des § *Preßfreiheit* – gegen Ostern hin, statt der *Oster-Eyer* – eine *Censur* bekommen werden – *u. ich gebe der Censur keinen Bogen!*« [Zit. nach Reinhard Wittmann, Ein Verlag und seine Geschichte. Stuttgart: J. B. Metzler 1982, S. 392]

Trotz des verlegerischen Mißerfolgs brachte Heinrich Erhard, der mit dem Abgeordneten Weber nun politisch verbunden war, auch dessen nächstes, dreibändiges Werk 1822–1824 heraus: ›Das Ritter-Wesen und die Templer, Johanniter und Marianer oder Deutsch-Ordens-Ritter insbesondere‹. Ein Jahr später folgte der Band ›Der Geist Wilhelm Ludwig Wekhrlins von Wekhrlin junior‹. Danach trennte sich Erhard von Weber. Zu früh, denn dessen vierbändiges Werk ›Deutschland oder Briefe eines in Deutschland reisenden Deutschen‹ wurde bei der jungen Stuttgarter Konkurrenz des renommierten Metzler, den Brüdern Franckh, ein Renner. Die Metzlersche Verlagsbuchhandlung beklagte später, Webers Schriften verstopften ihr Lager, und band ab 1834 die Restbestände der ›Möncherey‹ als Titelauflage auf, seit 1835 auch vom ›Ritter-Wesen‹. Das ›Repertorium der gesammten deutschen Literatur‹, herausgegeben von E. G. Gersdorf, warnte: »In einzelnen Heften sucht jetzt die Verlagshandlung das wohlbekannte Webersche Buch [...] aufs Neue ins Publicum zu bringen und durch neue Titelblätter und einem bei grauem Papier höchst wohlfeilen Preis Käufer zu gewinnen. Es wird dieses Verfahren in unsern Tagen so allgemein, dass das gebildete Publicum nicht oft und nachdrücklich genug darauf aufmerksam gemacht werden kann.« [Leipzig: F. A. Brockhaus 1834, S. 633].

In den ersten drei Bänden der ›Möncherey‹ liefert der Autor eine Geschichte des christlichen Mönchs- und Ordenswesens von den Anfängen in den östlichen Mittermeerländer über die allmähliche Ausbreitung bis zur schweren Krise und Aufhebung der Klöster, die Weber als Zeitgenosse ja miterlebte. Die Heiligen und Ordensgründer werden abgehandelt, die Regeln beurteilt und zahllose Mitteilungen über den unschicklichen Geist gegeben, der in den Klöstern herrsche. Das Ganze bildet keine zwingende historische Darstellung, sondern es besteht aus vielen aneinandergereihten Schilderungen und Betrachtungen, gewürzt durch Anekdoten und Histörchen, die Webers antiklerikale Einstellung verdeutlichen. Sein persönlich gefärbtes Raisonnement, sein flüssiger Stil ziehen den Leser an. Das wird besonders klar im zweiten Teil des dritten Bandes, der ausschließlich der Sittengeschichte der Klöster gewidmet ist. Hier gab der Autor auch seine eigenen Beobachtungen wieder, die der lebhafte und witzige Hofrat als gern gesehener Gast besonders in den fränkischen Klöstern hatte machen können. So finden sich in den Kapiteln ›Die Sitten-Geschichte der Klösterlinge zu Ende des 18. Jahrhunderts, wie sie der Verfasser selbst noch im Fleische wandeln sahe, und nach dem Fleische‹, ›Die Kanzel-Beredsamkeit der Mönche‹ und ›Ihre Schauspiele und Processionen‹ vielfach gelungene Kulturgemälde, die mit Witz und reichlichem Spott gemalt sind. Das zeigt etwa die im ›Intelligenz-Blatt zum Morgenblatt‹ [Nr. 34 vom 24. November 1818, S. 133] veröffentlichte Verlagsanzeige, deren aufschneiderischer Text entweder vom Verleger selbst, wahrscheinlicher aber vom Autor stammt: »Dieser historisch philosophische Versuch über die Geschichte einer der sonderbarsten und folgereichsten Erscheinungen – die Klosterwelt, ist von einer bekannten, wenn gleich nicht genannten Feder.« Was eben noch als »Versuch« passiert, wird im Fortgang die erste Darstellung des »Ganzen der Klosterwelt« genannt, anziehend für den »*ernsten Freund der Geschichte,* wie den *bloßen Liebhaber*«: Ein Buch für den Fachmann und den Laien also!

Zu einer gerechten, wenn auch kritischen Würdigung des Mönchwesens wäre damals die Zeit schon reif gewesen. Bei Weber gehen jedoch objektivierende Historie und antikirchliche Propaganda eine aufklärerische Mesalliance ein; die Überlieferungen aus der Vergangenheit werden nach ihrem polemischen Wert eingeschätzt und entsprechend der Doktrin der Vernünftigkeit verwertet. »Und ist es *intolerant*, irrige Ansichten und Begriffe als irrig, und lächerliche Dinge als lächerlich darzustellen[...]?«, fragt er ein wenig naiv. [Mön 1, S. XX] In der Wahl seiner Mittel geht er über das Ironische hinaus zur Satire, manchmal sei er von »Swiftscher Gnadenlosigkeit«, urteilte Bernd Gräfrath.

»Selbst Satiren [...] sind hier brauchbar, [...] aber ist denn im Grunde nicht jeder Mönch, und jede Nonne, und jede Kutte, – *Caricatura*[...]?« [Mön 1, S. XI] Das Ergebnis ist eine tendenziöse Streitschrift, die nach einer Mitteilung des Bruders Heinrich Weber in ganz Deutschland für Aufsehen sorgte. Im Österreich des Kanzlers Metternich wurde sie prompt verboten.

Dabei darf man aber keineswegs übersehen, daß Weber nicht nur über Vergangenes spotten, sondern daß er auch warnen wollte. Die reaktionäre Restauration hatte zu einer Wiederbelebung des pietistischen und mystischen Gedankengutes geführt; sie hatte allgemein zu einer Stärkung des kirchlichen Lebens beigetragen. Die Generation, die in ihrer Jugend die Josephinischen Reformen freudig begrüßt hatte und sich über das nahe Ende der »Finsternis« optimistisch erging, wurde vom neuen »Mystizismus« erschreckt. Wie ein Fanal wirkte dabei die Wiederherstellung des Jesuitenordens 1814 durch Papst Pius VII., nachdem jener 1773 verboten worden war. Es sei angefügt, daß noch zwei Generationen später Webers Darstellung über ›Die Jesuiten, ihre Lehre und ihr Wirken in Kirche, Staat und Familie‹ [Köln: 1874] anonym als Munition im Kulturkampf verwendet wurde, nachdem zwei Jahre vorher dem Orden durch ein Reichsgesetz erneut jede Niederlassung in Deutschland untersagt worden war.

Seine propagandistische Vorrede zur ›Möncherey‹ läßt keinen Zweifel an seiner Einstellung aufkommen: »*Mönche – Nonnen, und Klöster* – [...] sollten höchstens Gegenstand der *Geschichte der Menschheit* seyn, aber kein Gegenstand der eigentlichen *Geschichte* im herkömmlichen Sinne.« [Mön 1, S. III] »[...] die Möncherei bleibt eine wichtige Erscheinung der menschlichen *Geistes-Verirrung*, und kann nur philosophisch behandelt werden«, d. h. unter rationalistischen Gesichtspunkten. [SW 8, S. V] »Mönche – diese *angeblichen Philosophen des Christenthums* – diese *Prätorianer*, *Janitscharen* und *Leib-Garden des heiligen Stuhls* und der *Kirche* – diese Stützen der Frömmigkeit und Gelehrsamkeit, der päpstlichen Hierarchie, und des dicksten Aberglaubens – diese Beförderer der Kultur des Mittel-Alters, und diese Verhinderer aller religiösen Aufklärung, und aller Verstandes-Helle – diese Fanatiker haben so viel Böses und Gutes, so viel Großes und Kleinlichtes – so viel Ernstes und Lächerliches gestiftet, daß die Geschichte nothwendig ihrer gedenken muß!« [Mön 1, S. IV]

An dieser Grundeinstellung ändert auch ein Kapitel nichts, das die »Benedictiner [...] einen Seegen des Mittel-Alters« nennt. Immer wieder werden der Mönchsgeist, das Papsttum – »ohne Möncherei keine Hildebranderei« – Inquisition, Wallfahrten, Reliquienverehrung usw. angegriffen. Mühelos ließen sich die Schlagworte des ›Wörterbuchs der Aufklärung‹ aufzuspießen. Hier eine Auslese, die beim Motto beginnt: »Und Gott sprach, es werde Licht, und es ward Licht« [Mose 1,3]. – »Joseph [gemeint ist der Sohn Maria Theresias und deutscher Kaiser] brachte Tag in die egyptische Finsterniß der deutsch-katholischen Welt« – Zehn Jahre nach den Sturz des »schrecklichen Jesuitenkolosses« war es dann »allwärts merklich heller, [...] desto finsterer sahen die Klösterlinge darein.« – »Römlinge« – »blinder Köhlerglauben« – »Vernunftsverfinsterer« – »Finsterlinge« – »Was sollen Jesuiten, diese Kinder der Finsterniß, bei der Lichtmasse, die wenigstens über deutschen Staaten verbreitet ist?« – »Der Veitstanz der Phantasie ist leichter, als der geregelte bedachtsame Fortschritt des gesunden Menschenverstandes.« – »Die Philosophie ist aus der Magd der Theologie eine Macht geworden, [...] so trägt sie ihr nicht mehr die Schleppe nach, sondern die Fackel vor.« – »Heiliger Joseph (von Wien, nicht von Nazareth) bitte für uns! und gib uns Kraft und Verstand! Nur wenn wir schwach sind, kann Rom stark seyn!«

Karl Julius Weber wurde durch seine Anlage auch zur satirischen Form der Darstellung verführt – und er schoß in seiner Mittelalterkritik weit über das Ziel hinaus. Daß ihm die »Möncherei blos im komischen Lichte erscheine«, hat er in seinem ersten Werk oft mitgeteilt. Sie verdiente zwar unser Mitleid, aber ebenso gut auch Spott. »Ich kann mir keine lächerlichere Maskerade denken,« stellt er fest, » als wenn ich mir von jedem Orden einen Mönch an der Hand seiner Nonne denke – schwarze, weiße, graue, braune, gelbliche, blaue Kutten – geschorene und ungeschorene Köpfe – Köpfe mit Hüten und ohne Hüte, Kapuzen und Schleyern – Kutten ohne Schuhe und mit Schuhen und Sandalien – Kutten ohne Gürtel und mit Gürteln, Riemen und Stricken – mit Bärten und ohne Bärte – mit Hosen und ohne Hosen – braunrothe Gesichter wie Mars und das stärkste Bayrische Klosterbier – Fettbäuche wie Mastochsen, und watschelnd wie Gänse mit Faunen- und Satyrs-Blicken, und dann wieder die süßen Nonnen, wo die Miene des Todes und des Grabes-Ernstes sich herumstritte mit dem Silberblicke, den Mutter Natur in jedes nicht ganz verwahrloste Mädchen-Auge geleget hat – Jesuiten als Ballmeister, und Papst und Cardinäle in der bepurperten Loge! Warlich das Nationen-Gemische in dem einzigen Petersburg ist lange nicht so bunt, und lange nicht so unterhaltend! Wenn ich aber wieder an den Jammer denke, den diese Masken sich und der Welt bereitet haben, so wird aus dem Lachen ein Trauern! – Und diese Maskerade, und diesen Bettler- und Hexen-Tanz soll Europa 1814 wieder erneuern? erneuern auf den Wink des alten *Magus*, der selbst verschwunden war vor dem Lichte der Zeit, und für jeden, der die Geschichte befragen mag, am allerlächerlichsten ist?

Tu autem Domine miserere nobis!« [Mön 3.2, S. 295 f.]

In den ›Neuen theologischen Annalen‹ wurde Webers ›Möncherey‹ recht günstig beurteilt. Aber Friedrich von Raumer (1781–1873), der bekannte Verfasser der wirkungsreichen ›Geschichte der Hohenstaufen und ihrer Zeit‹, bedauerte in der Zeitschrift ›Hermes‹ [Drittes Stück von 1822, No. XV der ganzen Folge, S. 1 ff], die übertriebenen Lobpreisungen und Anklagen gegen das Ordens- und Klosterwesen, die keine unbefangene Darstellung zuließen. »Daß aber der Verfasser auch nur Parteischriftsteller ist und seyn will, ergibt sich, – des Gesammtinhalts nicht zu gedenken, – schon genügend, wenn er die Kreuzzüge schlechthin Narrenzüge nennt, das System der Kirche das tollste Gebäude schilt, was ein menschliches Hirn ausgeheckt habe; wenn er gesteht, ohne Lachen würde er die Kirchengeschichte nicht hinuntergebracht, viel weniger verdaut haben.« Raumer lehnte eine Auseinandersetzung mit Weber ab und lieferte stattdessen einen zunftgerechten Aufsatz über das Ordenswesen im 12. und 13. Jahrhundert als Probe unparteiischer Geschichtsschreibung.

Eine scharfe Kritik in den ›Göttingischen gelehrten Anzeigen‹ [1822, 123. Stück, S. 1217 ff.] setzte Weber besonders zu. Nach dem handschriftlichen Eintrag des Göttinger Oberbibliothekars Jeremias David Reuß, dessen Handexemplar die Universitätsbibliothek Tübingen besitzt, ist ihr Verfasser »Planck, sen.«, also der schon öfters genannte Kirchenhistoriker Gottlieb Jakob Planck, gleich Reuß ein Württemberger. »Wenn der Flugblättler Weckerlin, leichten und luftigen Angedenkens, nicht schon oder nicht erst vor dreyßig Jahren gestorben wäre, so würde Rec. glauben, daß er in dem ihm ganz unbekannten Verfasser dieser Schrift, der sich in der Vorrede [...] C. J. W...r unterschrieben hat, wieder auferstanden, oder daß sein Geist in den Körper von diesem gefahren wäre. Es ist nemlich nicht nur gerade sein Geist, der in dieser Schrift brauset, sondern noch eine Menge anderer Zeichen scheint die völlige Identität zu verrathen. Der nemliche leichte und zuweilen leichtfertige, sehr oft glücklich treffende, nicht selten aber auch mühsam gehaschte, und dabey etwas faunenartige Witz – die nemliche durchsichtige Seichtheit bey dem Schein von Tiefe – das nemliche nicht nur scheinbare sondern würkliche Vielwissen.«

Planck hatte auf den satirischen Publizisten der Aufklärung, den Herausgeber des ›Felleisen‹, des ›Grauen Ungeheuer‹ und den Redakteur der ›Ansbachischen Blätter‹, den Großonkel Eduard Mörikes, Wilhelm Ludwig Wekhrlin (1739–1792) aus Stuttgart, angespielt, der in Augsburg und zuletzt in der Nähe von Nördlingen gelebt hatte. Planck warf Weber außerdem methodische Mängel und eine unkritische Mischung von Wahrem und Halbwahrem vor; in der Chronologie herrsche eine »joviale Unordnung«. Aber er respektierte Webers Anliegen, durch sein Werk »sein Contingent zu dem heiligen Kriege [zu] liefern, zu dem sich so manche unserer wackeren Zeitgenossen gegen die wiederauflebende Macht der Finstern ß rüsten zu müssen glauben«. [a.a.O., S. 1232]

Karl Julius Weber reagierte verärgert und suchte den Rezensenten in Schwaben und Franken, denn hier vor allem war jener Wekhrlin bekannt gewesen. Im privaten Zirkel fiel sein Verdacht auf Jacob Friedrich Abel, Schillers Lehrer an der Militairakademie, damals als Prälat in Schöntal. Als Abel von der Verdächtigung erfuhr, wehrte er sich in einem Brief an Weber. Dessen Entwurf zu einem Antwortschreiben vom 18. Januar 1823 hat sich erhalten: »Leugnen kann u. will ich allerdings nicht, daß ich unter Vertrauten den Verdacht geäußert habe die Göttinger Recension quaestionis mögte von meiner Nachbarschaft, vielleicht von Schönthal aus veranlaßt worden seyn, u. bin noch der Meinung, daß solche aus Schwaben ausgegangen sey.« [DLA Marbach]

In diesem Entwurf stellt sich Weber ganz unvermittelt eine Frage, welche die Antwort enthällt: »Aber wie wenn ein Wirtemberger der Recensent wäre – *ein Plank*«?

Weber beantwortete Plancks Vergleich mit Wekhrlin schlagfertig und witzig durch eine Auswahl aus dessen damals schon fast ganz vergessenen Schriften: ›Der Geist Wilhelm Ludwig Wekhrlins, von Wekhrlin junior‹. Dieses Büchlein, das er »Dem Herrn Recensenten Nro.CXXIII. der Göttinger Gelehrter [!] Anzeigen« widmete, enthält eine gehörige Abrechnung mit seinem anonymen Kritiker. Und Rezensentenschelte gehört in Zukunft zu seinen Topoi.

In seiner Wekhrlin-Auswahl folgte Weber seiner Vorliebe zur kleinen Form und wählte vor allem Skizzen und Anekdoten aus. Es war der Feuilletonist in Wekhrlin, der ausrief: »Es lebe die Kleinigkeit!« Auch »Wekhrlin junior« steht dieser Haltung nahe, vor allem in seinem Hauptwerk ›Dymocritos‹. Mit Ver-

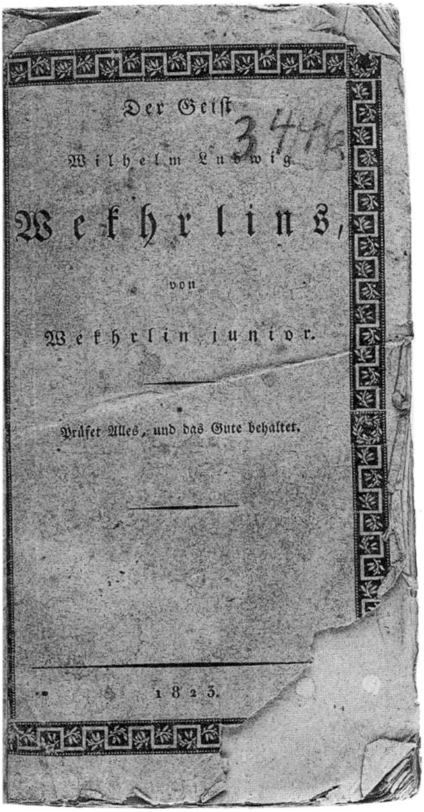

Der Geist
Wilhelm Ludwig
Wekhrlins,
von
Wekhrlin junior.

Prüfet Alles, und das Gute behaltet.

1823.

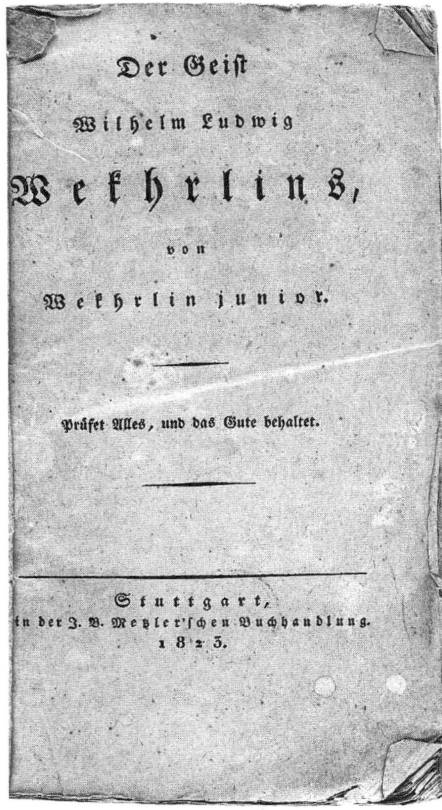

Der Geist
Wilhelm Ludwig
Wekhrlins,
von
Wekhrlin junior.

Prüfet Alles, und das Gute behaltet.

Stuttgart,
in der J. B. Metzler'schen Buchhandlung.
1823.

32/33 Interiumsumschlag und Titelseite des Wekhrlin-Anthologie von 1823

gnügen druckte Weber Wekhrlins Gedanken über ›Nachdrucker und Recensenten‹ ab: »Nachdrucker sind Freybeuter, und trieben sie es unter dem Schutze des Kaisers, sie sind nichts als privilegirte Gauner. Ist das Recensenten-Wesen besser? Sobald ein Schriftsteller, sagt man, seine Arbeit an Tag gibt, so räumet er stillschweigends dem Leser das Recht ein zu jedem Gebrauche seines Buches, mag er das Werk nachdrucken, recensiren, oder in Nachtstuhl werfen. [...] Gegen den Nachdruck kann man sich noch schützen – aber gegen Recensenten? Wenn der Nachdruck Beutelschneiderey ist, so ist das Recensiren Gurgelschneiderey.« [Wek, S. 237 f.] In dem Portrait seines »Bruders im Geiste« förderte Weber allerdings keine neuen Fakten zutage, obwohl er vorgab, im Ries und in Ansbach Auskünfte eingeholt zu haben.

Einen Kritiker hat Karl Julius Weber vermutlich nicht kennengelernt, dem er als einem der ganz Großen immer am Zeuge zu flicken versuchte. Jean Paul hatte vor den ›Gefahren des Stoff-Ueberflusses‹ in seiner ›Kleinen Bücherschau‹, einer »Kleinen Nachschule zur ästhetischen Vorschule« gewarnt [Breslau: Josef Max und Komp. 1825, S. 111 f.]. und dabei als ›Sechstes Programm. Ueber das Lächerliche‹ gehandelt:

»Eigentlich laufen die Dichter diese Gefahren bei dem Ueberfließen auch jedes andern Stoffs, des tragischen, des lyrischen u.s.w. Um in dem Stoffe selber zu schwelgen, fassen und ziehen sie ihn in recht viele und weite Formen, und bereichern ihn noch, wie ein Nachahmer den seines Originals; drehen ihn zum Vorweisen auf alle Seiten vor, indeß ein Stern sich nur von einer Seite zu zeigen braucht, um zu glänzen. Allein je lächerlicher eine Geschichte, eine Handlung ist, desto ernster, kälter, und mit desto weniger Folie von Anspielungen werde sie gegeben. Eine Stoffärmere verträgt dagegen eine desto breitere Einfassung von Witz-Arabesken. So werde im Tragischen, wie vom Maler jener Trauervater, eine blutige Welt voll Jammer blos mit einem Trauerschleier bedeckt, und sie ist gezeigt; der Jammer darunter schreit ungesehen. – Besonders wird die ruhige Haltung der Ironie, welche, wie der Zitteraal, die stärksten Schläge blos still, ohne sichtbare Bewegung geben soll, durch den Zudrang komischer Fülle verrückt, und das Gefühl der Letzten wird leicht vorlaut; daher ein Uebermaß komischer Ungereimtheiten, wie z. B. einiger Mönchordenregeln von gränzenloser Obedienz und Ignoranz, welche schon selber ihre eigne parodische und ironische Uebertreibung sind, besser mit der Begeisterung des Humors, als mit der kalten Logik der Ironie behandelt. – Vielleicht erklärt sich aus diesem 8ten Paragraphen, warum Hogarth gerade zu dem komuß-trunkenen Hudibras und Tristram Shandy nicht die gelungensten Zeichnungen, sondern fast Karrikaturen seiner Karrikaturen lieferte.«

Zwei andere Arbeiten von Karl Julius Weber zur Kulturgeschichte haben nicht die öffentliche Wirkung der ›Möncherey erzielt. Von 1822–1824 erschien ›Das Ritter-Wesen und die Templer, Johanniter und Marianer oder Deutsch-Ordens-Ritter im besonderen‹, gewidmet seinem früheren Dienstherrn, dem Grafen Christian von Erbach. Im ersten der drei Bände entwirft Weber ein überraschend objektives Bild des mittelalterlichen Rittertums; im zweiten Band berichtet er von den militärischen Taten und gibt eine Geschichte der Templer und Johanniter, im dritten Band eine des Deutschen Ordens bis 1809. »Der sonderbare deutsche Ritterstaat an den Ufern der Ostsee hat hohes Interesse, denn er war der aufgeklärteste Staat des Mittelalters, die eigentliche Wiege Preußens, und ein lichter Punkt in der Finsterniß der Zeiten.« [SW 12, S. XI] Nicht ohne Sympathie schildert er das Ritterwesen, waren die Ritter doch oft genug Gegner der Kirche, während er den hochmütigen Adelsgeist seiner Zeit sowie das Beharren auf Vorrechten kräftig geißelt. Es gäbe keinen Adel der Geburt, sondern nur einen des Verdiensts für das öffentliche Wohl. »Ahnen adeln niemals, wohl aber adelt der Mann, dessen Name Clio in das Buch der Unsterblichkeit schreibt, seine Ahnen rückwärts, und das Lämpchen des Adels hätte längst verlöschen müssen, wenn nicht von Zeit zu Zeit *bürgerliches Oel* wäre zugegossen worden.« [SW 12, S. 67]

Kein Wunder, daß es Weber mit solchen Ansichten und Formulierungen bei den meisten Adeligen seiner hohenlohischen Heimat und weit darüber hinaus verscherzt hatte. Auf der anderen Seite war er ein unbedingter Verfechter der konstitutionellen Monarchie in Württemberg, repräsentiert von König Wilhelm I. Karl Julius Weber erhoffte sich ein Recht und eine Rechtswirklichkeit, die allen Bürgern die Freiheit zur Entwicklung gab, und eine konsequente Trennung von Staat und Kirche.

Angesichts der Kritik verwundert es nicht, daß Weber sein drittes und letztes historisches Werk über ›Das Papstthum und die Päpste‹, dessen Vorrede von 1828 datiert, in seinem Schreibtisch verschloß. Es konnte auf ausdrücklichen Vorbehalt des Autors erst aus dem Nachlaß herausgegeben werden. Weber tat gut daran, denn seine Geschichte des Papsttums liegt ganz auf der Linie der ›Möncherey‹: Es ist eine historisch belegte Anklageschrift gegen den »Hildebrandismus« und gegen die »Römlinge«. Der Rezensent der ›Jenaischen Allgemeinen Literatur-Zeitung‹ [1835, Nr. 199, Sp. 157] schlug als treffenderen Titel vor: »Humoristische Darstellung der Scandala, Abenteuer, Fata und Witze der Päpste, mit Anführung der interessantesten Bonmots und Epigramme auf dieselben, nebst allerley spaßhaften Vergleichungen und Raisonnements«.

Dabei sollte man nicht verkennen, daß Webers Polemik nicht nur nach rückwärts gerichtet war, sondern durchaus eine zeitgenössische Komponente besaß. Gefördert durch die Romantiker, die die Vergangenheit verklärten, und befördert durch reaktionäre Denker wie Joseph de Maistre und Friedrich Schlegel, die ultramontane Gedanken propagierten und Kirche und Staat des Mittelalters auf die Gegenwart übertragen wollten, sah Karl Julius Weber die Gefahr, daß ein antiquiertes abergläubisches System, an dessen Spitze der Papst steht, jeden Fortschritt hinfällig mache. Auch die Konversionen von Zacharias Werner und Friedrich Leopold Graf zu Stolberg-Stolberg zur katholischen Kirche und die Ablehnung des aufgeklärten Konstanzer Bistums-

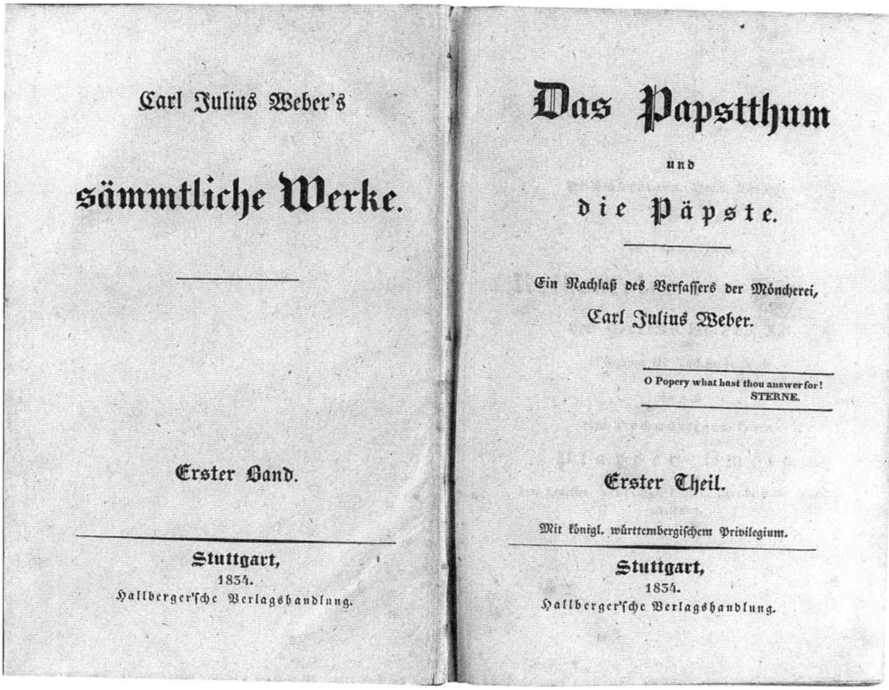

Carl Julius Weber's

sämmtliche Werke.

Erster Band.

Stuttgart,
1834.
Hallberger'sche Verlagshandlung.

Das Papstthum
und
die Päpste.

Ein Nachlaß des Verfassers der Möncherei,
Carl Julius Weber.

O Popery what hast thou answer for!
STERNE.

Erster Theil.

Mit königl. württembergischem Privilegium.

Stuttgart,
1834.
Hallberger'sche Verlagshandlung.

34 Erstdruck in Weber's sämmtlichen Werken, 1834. Doppeltitel

verwesers Ignaz Heinrich von Wessenberg als ersten Erzbischof von Freiburg i. Br. waren für Weber mehr als nur Warnsignale, sondern Vorboten einer von ihm zu verurteilenden neuen Zeit und eines abzulehnenden Zeitgeistes, der mit dem Begriff Restauration belegt ist und für dessen Verkörperung der österreichische Kanzler Metternich steht.

Am 5. Febuar 1851 schreibt Heinrich Heine aus Paris an seine Mutter Betty Heine und seine Schwester Charlotte Embden in Hamburg, daß er noch für die Neujahrswünsche zu danken habe. Zum Schluß erbittet er aus dem Katalog einer Hamburger Verleihbibliothek insgesamt sechzehn Titel, darunter die drei Bände von Webers ›Das Ritter-Wesen‹. Am Ende des 19. Jahrhunderts erregte der in Jena lehrende protestantische Historiker Heinrich Gelzer Aufsehen mit seinem Aufsatz ›Pro monachis‹ [Ausgewählte kleine Schriften. Leipzig: Teubner 1907], zugunsten der Mönche also. Er machte Front gegen die Aufklärer Friedrich Nicolai und Karl Julius Weber und beklagte die barbarische Art, in der die Klöster aufgehoben worden waren. Er druckte fast die ganze Vorrede zur ›Möncherey‹ ab, um die Plattheit der Gedanken Webers zu belegen. »›Möncherei‹ und ›Demokrit‹ waren das Orakelbuch und Evangelium der badischen und württembergischen Oberamtmänner in der Restaurationszeit; darüber unterhielten sie sich abends im Herrenstüble beim obligaten Schoppen (auch im Plural gebräuchlich) mit den anderen Honoratioren ihres Krähwinkels, dem Herrn Bürgermeister, dem Herrn Kreisphysikus, dem Herrn Amtsrichter und dem Herrn Apotheker.«

Die Beschreibung Deutschlands in den Grenzen des Deutschen Bundes

»*Deutschland*, mein großes theures Vaterland, habe ich in vielfachen Richtungen, bis in die abgelegensten Winkel, zu durchstreifen Zeit gehabt, und die meisten Gegenden mehr als einmal, zu verschiedenen Zeiten, durchstrichen, als Jüngling und Mann, zu Fuß und zu Pferde, zu Wasser und zu Lande, mit Extrapost [...] und auch mit dem Postwagen. Es fehlt nichts, als daß ich mein Vaterland, das mir immer werther wurde, je näher ich auch das Ausland kennen lernte, noch im [!] *Vogel-Perspektive* hätte betrachten können von einem Luftballon herab.« [Dld 1, S. I].

Im Jahr 1826 erschienen Heinrich Heines ›Harzreise‹ – poetisch-impressionistisch im Duktus, voller Ironie und Satire, mit einer Persiflage auf die trockenen herkömmlichen Reiseführer zu Beginn – und der erste Band des Deutschland-Buchs von Karl Julius Weber, einer Reisebeschreibung: ›Deutschland oder Briefe eines in Deutschland reisenden Deutschen‹. Zwei Jahre später waren alle vier Bände bei den Gebrüdern Franckh in Stuttgart herausgekommen. In den ›Sämmtlichen Werken‹ wird 1834 eine »Zweite, vermehrte und verbesserte, Auflage« gedruckt; 1843 f. und 1855 brachte der unternehmende Verleger Hallberger dritte und vierte Auflagen heraus, die letzte mit dem Untertitel: »Nach den neuesten Zuständen abgeändert und als Reisehandbuch eingerichtet«. Weber hatte eine Art Reiseführer verfaßt, dabei aber bewußt auf handbuchartige Angaben der Entfernungen und der besten Gasthöfe verzichtet. Das war nun nachgetragen; des weiteren ließ man die einleitenden Kapitel über Deutschland und das angehängte Lob des Reisens fort und verteilte den so um ein Zehntel verringerten Umfang auf sechs Bände im Taschenbuchformat. Bei den größeren Städten wurden zudem einige statistische Angaben auf den neuesten Stand gebracht. Durchgreifend modernisiert wurden nur die Kapitel über Stuttgart, den Sitz des Verlages, und über die Umgebung der Hauptstadt. Gerade diese Überarbeitung zeigt, wie durch sachliche Daten Webers Stil und die Eigenart seiner Darstellung gestört werden. Mehr als drei Jahrzehnte lang – bis etwa 1860 – diente Webers Deutschland-Buch als Reisebegleiter, dann mußte es, nicht zuletzt durch den Eisenbahnbau und die Industrialisierung, veralten.

Als Weber in den 1820er Jahren den Plan gefaßt hatte, ein Reisebuch zu schreiben, ging er, so schildert er sein Verfahren in der ›Vorrede‹, alle seine Tagebücher durch, die er nach der damaligen Sitte seit seiner Erlanger Studentenzeit geführt hatte. »Unendlich viel, und recht *von Herzen* habe ich in meinen Tagebüchern weggestrichen, was zur *Chronique scandaleuse* gehörte, allzupersönlich, schwärmerisch und veraltet war, dafür aber manches aus andern Reisen [anderer Autoren] aufgenommen, die neuer sind, als die Zeit, wo ich dieselbe Gegend bereiste«, was der Fall namentlich mit dem Nord-Westen ist. [Dld 1, S. IX] Aber die persönlichen Notizen und Skizzen regten seine Phantasie wieder an und trugen wesentlich zu der lebendigen Schilderung bei.

Nicht überarbeitete Tagebuchaufzeichnungen von Reisen wurden aus Webers Nachlaß in den Bänden 28 und 29 der ›Sämmtlichen Werke‹ abgedruckt: ›Reise nach Holland‹ und ›Reise von Holland nach Berlin‹, beide 1802. Die Aufzeichnungen ›Auch ich war in Paris. 1806.‹ ziehen durch ihre Frische an. »Il savait voir«, – wenn man so von ihm urteile, dann sei er zufrieden, meint Weber in der ›Vorrede‹, und er konnte nicht nur sehen, er konnte das Gesehene auch vermitteln. [Dld 1, S. XI]

»Ich habe zwar auch *viel gelesen* – das ist etwas Gewöhnliches – aber doch mehr noch *selbst gesehen,* als gelesen, und das scheint bei unsern Schriftstellern [...] täglich seltner zu werden.« [Dld 1, S. X] So waren Weber alle einschlägigen Reiseberichte bekannt, allen voran Friedrich Nicolais zwölfbändige Beschreibung einer ›Reise durch Deutschland‹ [Berlin, Stettin: Nicolai 1783 bis1796]. »Das meiste Aufsehen machte, wie billig, *Nicolai*, obgleich seine 12 starken Bände nicht einmal den ganzen Süden umfaßten, und weniger einer Reise gleichen, als einem statistischen, ja selbst *polemisch-theologischen Magazine.*« [Dld 1, S. VI] Weber besuchte den Autor in Berlin und fand »einen langen, hagern Mann, mit ernster Physiognomie, worin ich weder die Jovialität, noch die Satyre lesen konnte, die ich mir [...] in ihm dachte!« [SW 28, S. 158]

Ein anderer Autor ist noch zu nennen, dessen ›Briefe eines reisenden Franzosen über Deutschland an seinen Bruder zu Paris‹ [Zürich 1784] von Weber als witzige und gewandte Beschreibung des ganzen deutschen Reichs geschätzt wurde: Johann Kaspar Riesbeck. In Anlehnung an den Buchtitel dieses Schriftstellers und aus seiner Vaterlandsliebe heraus formulierte Weber dann seinen Titel: ›Deutschland oder Briefe eines in Deutschland reisenden Deutschen‹.

Mehr als 80 Autoren nennt Weber, aber gelesen und exzerpiert hat er vermutlich noch viel mehr Reisebeschreibungen. Es verwundert nicht, daß er Anne Louise Germaine de Staëls Werk ›De l'Allemagne‹ [Berlin: Hitzig 1814] ablehnte, da er keinen Zugang zur idealistischen Philosophie hatte. Es enthalte zwar eine erfreuliche Lobrede auf die deutsche Biederkeit, Gemütlichkeit und

Aufklärung, doch der Polizeiminister Savary erklärte, »das Buch *sey nicht französisch, deutsch* ist es auch nicht, und das Werk einer Dame, die Frankreich selbst *la Phrasière* nannte«. [Dld 1, S. V]

Bei näherer Prüfung zeigt es sich, daß Karl Julius Weber selbst bei der Darstellung seines neuen Vaterlandes Württemberg nicht nur aus eigener Anschauung schöpfte. In zwei Briefen schildert er eine ›Fußreise auf der Alp‹ [Dld 1, S. 225 ff.], die er ohne Zweifel unternahm, aber »mit *Schwabs Wegweiser* in der Tasche«. Selbstverständlich schreibt er den Reiseführer Gustav Schwabs, ›Die Neckarseite der Schwäbischen Alb‹ [Stuttgart: J. B. Metzler 1823], nicht einfach ab. Es ist jedoch fraglich, ob er seine »Fußreise« überhaupt ohne diese Veröffentlichung unternommen hätte und ob er ohne dieses Beispiel in Urach den »berühmten *Schäfermarkt*« vermerkt, noch Gönningen erwähnt hätte, »berühmt durch seinen Handel mit gedörrtem Obst und *Sämereien*, die bis nach Rußland und der Türkei gehen«. Was Weber über das Händlerdorf Eningen bei Reutlingen mitteilt, ist bis in wörtliche Wendungen bei Gustav Schwab entlehnt.

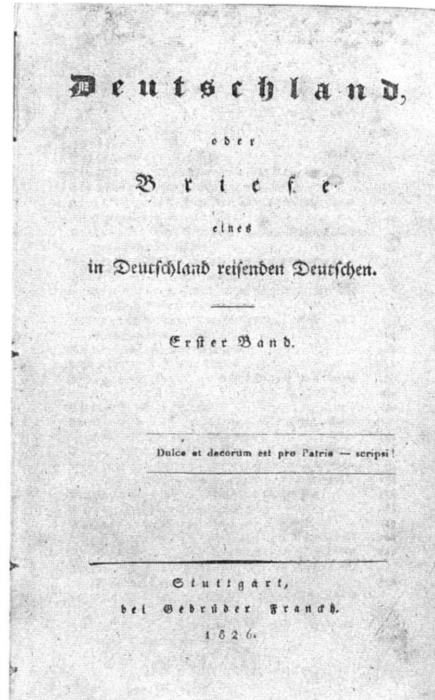
Deutschland,
oder
Briefe
eines
in Deutschland reisenden Deutschen.

Erster Band.

Dulce et decorum est pro Patria — scripsi!

Stuttgart,
bei Gebrüder Franckh.
1826.

35 Titelblatt des ersten Bandes

Als Weber 1825 dem ersten Band seines Deutschland-Buchs die endgültige Fassung gab, hatte er selbstverständlich unter dem Einfluß seiner Göttinger Lehrer Schlözer und Achenwall auch die Schriften der statistisch-topographischen Schule eingearbeitet. Die von Aufklärern geschriebene Reiseliteratur läßt sich nicht gesondert von den gleichzeitigen geographisch-statistisch-topographischen Titeln betrachten, hier wie dort führen dieselben theoretischen Ansatzpunkte und Grundanschauungen zu vergleichbaren Ergebnissen. »Paradoxerweise waren es die auf die generalisierende Norm gerichteten Bestrebungen der Aufklärung, welche der individualisierenden Betrachtungweise zur Freiheit verhalfen.« [Dieter Narr, Studien zur Spätaufklärung im deutschen Südwesten. Stuttgart: Kohlhammer 1979, S. 283] Auch personell lassen sich häufig Statistik und Reiseliteratur nicht trennen, denn zahlreiche Jünger der neuen Wissenschaft waren – man muß sagen: notgedrungen – auch Reisende, um ihr Material zu sammeln.

Webers Deutschland-Buch gehört zur Reiseliteratur, und hier wiederum steht es in der Tradition der aufklärerischen Reisebeschreibung, die ja keineswegs mit der Wende vom 18. zum 19. Jahrhundert endete. Wichtige Züge in den Reiseschriften des Fürsten Hermann von Pückler-Muskau lassen sich dieser Tradition noch zuordnen.

Von nicht zu unterschätzender Bedeutung für die Geschichte der Reiseliteratur war der Einfluß Jean Jacques Rousseaus, dessen Schriften eine neue Sicht der Natur einleiteten. Eine ähnlich große Wirkung übte der Engländer Laurence Sterne mit seiner ›Sentimental Journey‹ aus, die 1768 erschien. Noch im gleichen Jahr übersetzte Johann Joachim Bode ›Yoricks Empfindsame Reise durch Frankreich und Italien‹ [Hamburg 1768/1769], die in ihrer unerreichten Mischung von Empfindsamkeit, Ironie, Witz und Humor zahlreiche Nachahmungen hervorrief. Moritz August von Thümmels zehnteilige ›Reise in die mittäglichen Provinzen von Frankreich im Jahr 1785-1786‹ [Leipzig: Göschen 1791–1805] ist das bedeutendste Werk, das in Sternes Nachfolge in Deutschland entstand. Weder Sterne noch Thümmel haben reine Reisebeschreibungen geschaffen; sie müssen jedoch hier genannt werden, weil Weber beide sehr schätzte und z. B. Yorick-Sterne immer wieder zitierte.

Das 18. Jahrhundert, das »tintenklecksende Säkulum«, könnte man mit derselben Einseitigkeit, wie sie auch anderen Benennungen anhaftet, das Jahrhundert der Reisebeschreibungen nennen. Ihre offene, lockere Form, die zu gleichen Teilen der Information und der Unterhaltung zu genügen wußte, machte die Reisebeschreibungen bei den meist bürgerlichen Lesern sehr beliebt. In einem noch nie erlebten Umfang dienen diese Schriften zur »Beförderung der Welt- und Menschenkenntniß«, wie manchmal schon im Titel zu lesen ist. Allenthalben zeigt sich ein unermüdliches Bestreben, das Wissen zu vermehren, das Gesehene und Erkannte zu vergleichen und alles mit den Gedanken der neuen vernünftigen Zeit zu messen. Das beinhaltet eine bewußte Hinwendung zum Menschen, zu seiner Sprache, zu seinem Dialekt, seiner Tracht, seinem Hausbau und seiner Arbeitsweise. Daraus ergibt sich der Versuch, ethnische und nationale Besonderheiten zu erfassen, sie zu charakterisieren.

Immer wieder werden bei Weber die rein beschreibenden, oft fast lexikalischen Passagen durch Erlebnisse, Erzählungen und Betrachtungen in der

36 Picknick zu Ehren Jean Pauls im Juni 1819 in Gaisburg bei Stuttgart (Ausschnitt) von Unbekannt

Ich-Form unterbrochen. Bei allem Streben nach Objektivität kann und will eine so eigenwillige Persönlichkeit mit ihren ausgeprägten Ansichten, z. B. ihrem Antikatholizismus, nicht nur neutral und fernab sachlich darstellen. Auf diesem Neben- und Miteinander von Beschreibung des Sehenswerten und persönlich gefärbten Eindrücken, Erinnerungen und Reflexionen beruht der Reiz dieses Deutschland-Buches. Der Schriftsteller Weber hat in der Mischform von Reiseführer und Reisebericht eine wohl ideale Verbindung von Information und Unterhaltung gefunden.

Auch Begegnungen, persönliche Vorlieben und Abneigungen oder die Weber vielleicht doch zu Ohren gekommenen Äußerungen Jean Pauls über die zettelkastenselige ›Möncherey‹, in der die Gefahr des Stoff-Überflusses durchaus nicht vermieden werde, könnten das kräftige Echo erklären, das Weber seinem Bayreuth-Kapitel mitgibt, – es bleibt nicht der einzige Seitenhieb in diese Richtung:

»Nicht weit von der Phantasie [dem bayreuthischen Schlößchen Fantasie] liegt *Wonsees*, Geburts-Ort des vergeßenen Taubmanns [d.i. der sprichwörtliche Witzkopf Friedrich Taubmann, 1565–1613, der ein ernstzunehmender Wittenberger Gelehrter war], der nicht blos *Taubmanniana* lieferte, sondern auch einen Commentar über den ihm homogenen Plautus [Wittenberg 1621]. Er war der Humorist des 16ten Jahrhunderts bey dem man sicher mehr gelacht hat, als bey dem Humoristen des 19ten Jahrhunderts, der hier gebohren ist, und meist zu Baireuth lebte – *Jean Paul*. Er lebte höchst eingezogen, zuletzt fast blind, und nur auf seinem Spaziergange im Schloßgarten war er zu sehen, wo er sich auch am liebsten sprechen ließ, und so fügte auch ich mich in den Humor des Mannes. Er ist todt, seine Werke werden gesammelt, ich habe selbst darauf unterzeichnet – aber diese humoristische Biene des Fichtelgebirges, und der Oelgötze der höhern weiblichen Lesewelt, (der niedern ist er zu unverständlich) die sich im Helldunkel der Gefühle und in den graußen Scenen des Todes und der Ewigkeit gefällt – ist doch zu halt- und geschmaklos für den Mann von höherer Bildung und Denkkraft – es fehlt durchaus nicht an den geistreichsten Bemerkungen, ächt humoristische Stellen und gediegenen Wortspielen – an Witz und Laune, aber alles muß gar zu oft sonderbaren Abschweifungen, Collectanen-Wust, dunklen Anspielungen, halben und falschen Humor und Wortschwall, Manierten und Gezierten – Platz machen, das Ganze ist stets ohne ästhetische Haltung. *Wieland* sagte bey Jean Pauls ersten Schriften ›*da kommt einer mit Einem Flügel von Shakespear*‹. Ueberall fliegt Jean Paul, schlägt aber nur mit Einem Flügel, und hält das Bizarre und Gezierte für Humor, daher er weit weniger Glück machte, als er hätte machen sollen, und im Auslande gar keines. Ich möchte Johann Friedrich Richter – nicht kindisch Jean Paul – unsern *missed Sterne* nennen, wie Kotzebue unsern *Moliére manqué*!« [Dld 2, S. 25 f.]

Weber beschreibt das Gebiet des Deutschen Bundes, der 1815 auf dem Wiener Kongreß gegründet worden war. Er umfaßte 38 souveräne Staaten, zum Beispiel die Hansestadt Lübeck und das Herzogtum Sachsen-Weimar, aber auch die »Supermächte« Preußen und Österreich. Preußen ohne seine Provinzen Posen, West- und Ostpreußen, Österreich samt Böhmen und Mähren sowie den slowenischen Gebieten bis nach Triest an der Adria. Im Gegensatz zu Heine und den Jungdeutschen politisiert Weber in seinem Buch wenig, denn der »besonnene Mann, der in der Mitte zwischen der alten und der neuen Zeit lebt, d.h. Deutschland kennt, wie es vor der Revolution war, und jetzt ist, sammelt um so lieber Rosen statt Dornen, weil denn doch ungeheuer viel geschehen ist, das er mit Dank anerkennen muß«. [SW 4, S. XXIX] Der Verlust der Vielstaaterei im erloschenen Deutschen Reich war ein großer Schritt in die Zukunft, auch wenn 38 Bundesstaaten für Karl Julius Weber – und nicht nur für ihn – immer noch zuviel waren.

Mehr als 30 Millionen – Deutsche und Slawen – wohnten damals im Deutschen Bund. »*Arithmetisch* wären wir die *große Nation*, aber *politisch*? Ein mächtiges, großes, ehrwürdiges, tapferes, unentartetes Volk ist *Nichts* – weil die *Einheit* mangelt. [...] Nichts vermochte uns zu warnen, und so sind wir, wie Herder sagte, eine *ungewordene Nation* geworden!« [SW 4, S.47]. Deren Soldaten, in den Uniformen unterschiedlicher Staaten, Napoleon 1813 bei Leipzig und 1815 bei Waterloo besiegten.

Webers Deutschland-Buch ist von einem gehörigen Patriotismus durchdrungen, verbunden mit einer Verachtung Napoleons und des französischen Anspruchs, die Vormacht in Europa zu sein. Karl Julius Weber, der 1799 noch hoffte, in den diplomatischen Dienst des Nachbarlandes überwechseln zu können, war in der Folge zum erbitterten Feind des Kaisers aller Franzosen und der gallischen Machtpolitik geworden. Davon zeugen zahlreiche haßerfüllte Passagen, die durchweg in den Rezensionen kritisiert werden.

Im ersten Band gibt Weber einen instruktiven Überblick über ›Deutschland im Allgemeinen‹, über Geographie, Handel, Wissenschaften, Künste, Religion, Geschichte und Bundesverfassung, weiterhin über den ›Charakter der Deutschen, ihre Eigenheiten, Sitten, Gebräuche‹.

Danach beginnt ein Gang durch die 38 Staaten des großen Vaterlands. Auf Württemberg folgen in den zwei ersten Bänden Baden, Bayern und Österreich. Den Band 3 füllen Sachsen, die thüringischen Staaten, Preußen, Mecklenburg, Holstein und die Hansestädte. Im letzten Band finden Hannover, Oldenburg, Westfalen, die hessischen Staaten und die preußischen Rheinlande Aufnahme. Ein deutliches Übergewicht liegt bei den südlichen und mitteldeutschen Ländern.

Webers Art der Beschreibung sei am Beispiel des Königreichs Württemberg verdeutlicht. »Kein deutsches Land, die Rheinlande, Franken und Oesterreich nicht ausgenommen, ist von der Natur so günstig behandelt worden, als Würtemberg. Reiche Fluren und Weingärten, herrliche Waldgebirge und schöne Thäler, Flüsse, gemäßigtes Clima, große und reinliche Dörfer, keine großen, aber desto mehr kleine Städte – fleißige, aufgeweckte, frugale und biedere Bewohner, die treu am Fürsten und am Vaterlande hangen [...] – viel Cultur und Wohlstand ohne übermäßigen Luxus.« [Dld 1, S. 160] Darauf folgen ein guter Abriß der Landesgeschichte sowie topographische und statistische Angaben. Diese sind durchweg korrekt und zeugen von der Mühe, die sich Weber bei der Zusammenstellung machte. Daran schließen sich als weitere Stichworte an: Hauptnahrungsquellen, Kunstfleiß, Industrie, Handel, Straßen, Militär, »der Schwabe«. Die Gründe der starken Auswanderung werden diskutiert, die Schreiberzunft und die früher herrschende »Priesterkaste« sind erwähnt und schließlich sogar die Verfassung. Nach dem Schema vom Allgemeinen zum Besonderen werden in den folgenden Mitteilungen persönliche Urteile und Erinnerungen eingefügt. Man hat Weber einen der »Väter des Reisefeuilletons« genannt.

Die Schilderung der Natur nimmt einen breiten Raum ein. Der Mann, der über die französischen Gärten und die »Unnatur ihrer liniengeraden Regelmäßigkeit« spottete, besaß eine Vorliebe für den englischen Garten und machte leidenschaftlich gerne Fußreisen in »wildromantischen« Tälern und Gebirgen wie dem Schwarzwald und den Alpen. In der ›Vorrede‹ versichert er daher, er habe nicht Höfe, »sondern schöne Gegenden und Menschen« besucht. Diese Aussage führt uns rasch zu dem Ahnherrn seines Naturgefühls: Jean Jacques Rousseau.

Sein Naturempfinden war wohl stärker als seine Formkraft. Bei der Beschreibung der Adelberger Höhle in Krain berichtet er: »Mitten unter hohen Felsen-Gewölben [...] betritt man, nach einem etwa hundert Schritt langen schmalen Gang einen ungeheuern Dom, und dann die Naturbrücke – grauenvoll ist die Nacht über diesen Felsenhallen [...]. Ein Heer von Vögeln umflattert den Eingang der Höhle – dann aber vermählt sich die Nacht mit Todesstille, und allem Grauß der Unterwelt und dem Braußen des Phlegeton. Dichter, die *Höllen-Schilderungen in petto* haben, können sich nirgendswo besser dazu begeistern.[...].« [Dld 2, S. 369 f.] Immer in Eile durchstreift der Reiseschriftsteller das Land, und Geschwindigkeit bestimmt auch den Schreiber. So müssen sich die Täler mit Epitheta wie idyllisch, lieblich, ländlich, anmutig begnügen; er vermerkt allerliebste Aussichten und herrliche Umblicke, das Eyachtal birgt eine »Menge wilder Schönheiten«, malerische Burg- und Klosterruinen »erhöhen das Romantische«, und bei Wildbad rühmt Weber: »Es ist reine Natur.«

Romantische Natur und die Anziehungskraft der Ruinen, etwa beim Heidelberger Schloß, – das ist noch vom vergangenen Jahrhundert bestimmt; das hat mit der Ruinenseligkeit der deutschen Romantiker, die von Weber in Heidelberg mit keinem Wort erwähnt werden, wenig zu tun, auch wenn er das Losungswort der jungen Generation – 1797 von Ludwig Tieck geprägt – verwendet: Waldeinsamkeit. Im Schwarzwald wandert er »wieder in seinen Nadelhölzern unter den hohen schlanken Stämmen, gleich Tempelsäulen – wandle sanft dahin auf den abgefallenen Nadeln, das leise Rauschen der Wipfel ergözt mein Ohr, das dunkele Grün erhöhet die süße Melancholie der Waldeinsamkeit«.[Dld 1, S. 269] Und bei der Neckarfahrt trifft er sogar »langweiligste Waldeinsamkeit«.

Leipziger Literatur-Zeitung.

Aufgenommen wurde das Deutschland-Buch im allgemeinen positiv. Noch im Erscheinungsjahr des ersten Bandes, 1826, heißt es in der ›Leipziger Literatur-Zeitung‹. »Wir haben wenige Reisebeschreibungen, die sich mit unserm Vaterlande beschäftigen von gleichem Werthe, den man der gegenwärtigen zuerkennen muss.« [Nr. 304 v. 8. Dezember 1826, Sp. 2425] Ein Jahr später

JENAISCHE
ALLGEMEINE LITERATUR-ZEITUNG.

war in der ›Jenaischen Allgemeinen Literatur-Zeitung‹ von dem Pepinieur-Lieutenant Schulze aus Naumburg zu lesen: »Der Vf. beabsichtigt eine geo- und topographische Schilderung von Deutschland, mit eingeflochtenen historischen und anderen Notizen oder Bemerkungen, und um seiner Arbeit die Steife eines Lehrbuchs zu ersparen, liefert er sie in der Form einer Reisebeschreibung. Die Idee ist gewiß glücklich zu nennen; auch zeigt die Ausführung, daß der Vf. seinem Unternehmen ganz gewachsen sey.« [Nr. 45 v. März 1827, Sp. 358 f.]

Blätter
für
literarische Unterhaltung.

In den ›Blättern für literarische Unterhaltung‹ besprach ein unter dem Sigel »Nr. 41« schreibender Rezensent alle vier Bände. [Nr. 182 v. 8. August 1827, S. 725 ff.; Nr. 183 v. 9. August 1827, S. 729 ff.; Nr. 119 v. 22. August 1828, S. 475 f.; Nr. 232 v. 8. Oktober 1828, S. 927 f.; Nr. 161 v. 13. Juli 1829, S. 642 ff.] Er nannte Weber einen »originellen Kopf«, der »kein Jüngling mehr und offenbar auch kein sog. Stubengelehrter« sei. Dabei wird deutlich, daß der Kritiker den Autor des anonym publizierten Werks offensichtlich auch persönlich kannte, denn am Schluß gibt er Webers Namen preis. Vorher ist allerdings von einem Franken die Rede, der jetzt Württemberger sei. »In Betreff des Ganzen glauben wir übrigens hier noch das verschiedentlich in unsern Anzeigen der einzelnen Bände dieses Werks Nachgewiesene in folgendem Urtheil zusammenfassen zu können: wem es darum zu thun ist, Deutschland in seinem ganzen Umfange in Betreff der Sitten, Gewohnheiten und des Charakters seiner Bewohner, sowie seiner Natur und der mehrsten seiner bürgerlichen Einrichtungen in einem dieses Alles größtentheils richtig andeutenden Bilde zu sehen [...], dem sind diese Briefe eines Deutschen u.s.w. bestens zu empfehlen [...].« [Nr. 161 v. 13. Juli 1829, S. 642 ff.]

Hesperus.

Im ›Hesperus‹ [Nr. 298] steht am 14. Dezember 1830 die ›Anfrage‹: »Wer ist der Verfasser des trefflichen Buchs: ›*Deutschland* oder *Reise [!] eines in Deutschland reisenden Deutschen*?‹ Kein anderes Werk über *Deutschland* ist mit gleicher Laune, Wahrheitsliebe, vaterländischem Gefühl und Anerkennung alles Guten, wo man es immer findet, geschrieben. Man nannte den Freiherrn von *Wangenheim* als Verfasser desselben.«

Am 21. Juli 1829 hatte der gefürchtete Wolfgang Menzel, der Literaturpapst von Cottas ›Literatur-Blatt‹ zum ›Morgenblatt für gebildete Stände‹ über Webers Deutschland-Buch geurteilt: »Es ist das Einzige in seiner Art, indem es ganz Deutschland umfaßt, [...] es kann also kein Zweifel seyn, daß es auch das beste ist.« Menzel hat Weber gekannt, den »gebildeten Sechziger«. Auch schlägt er sich auf die Seite der Jean Paul-Kritiker: »Es gereicht dem Buche wahrlich zu keinem Nachtheil, daß es von keinem jungen Hitzkopf, [...] von keinem Jean Paul'schen Dämmerer für Deutschland geschrieben ist. Zwar ist kein Mensch von Vorurtheilen gänzlich frey, auch unser Verfasser nicht, aber eine große Menge Vorurtheile verlieren sich immer mit der Erfahrung und dem

Literatur-Blatt.

Alter. Unser Verfasser ist auf eine liebenswürdige Weise tolerant gegen die mannichfaltigsten Kontraste, die Deutschland und seine Völker darbieten. Er läßt das Gute gelten am Nord- wie am Süddeutschen, und ist fern von jedem kleinlichen Provinzialismus. Nur in zwey Punkten ist er etwas kapriziös. Er läßt nämlich keine Gelegenheit vorbeygehen, den Katholicismus zu verspotten, und eben so unerbittlich geht er mit dem Andenken Napoleons um, [...] was Unrecht ist.« [Nr. 58 v. 21. Juli 1829, S. 229 ff]

Auch in englischsprachigen Periodika in Großbritannien und in den USA, also Ländern, aus denen vermögende Reisende das europäische Festland und damit auch Deutschland besuchten, wurde das Buch vorgestellt. Die

Rezensionen bezeugen »the very interests which German art und literature have« [Museum of Foreign Literature and Science, Philadelphia 1830]. Später resümiert der Probeleser: »He has given us no complete picture, but a series of scetches.« Zwei Jahre zuvor hatte schon die englische Zeitschrift ›Foreign Quarterly Review‹ wie das amerikanische Pendant lange Auszüge aus den einleitenden »Briefen« wiedergegeben. Aber dieser Kritiker hat etwas auszusetzen: »Our author takes great pleasure in his mountain-strolls: to us there is something barbarous, not to say impious, in the passion for mountain-scenery. Mountains tend to impress a consciousness of the force of Nature, not of the benificence of Providence; of what use are they to man?« Im Ganzen bescheinigt der Rezensent jedoch Weber: »The fresh, gay, motly colouring of autopsy has long since faded into the gray copper-plate lines fo reminiscence; still the outlines are sharp, and the delineations exact.«

Webers Deutschland-Buch wird als Steinbruch bis heute ausgebeutet: Gegen Ende des vorigen Jahrhunderts veröffentlichte der Unterstaatssekretär im Reichspostamt P. D. Fischer seine ›Betrachtungen eines in Deutschland reisenden Deutschen‹ [Berlin: Springer 1896]. Nach der Jahrhundertwende lernte man die kulturhistorischen Momentaufnahmen als Dokumente schätzen. Oskar Steinel plante die Herausgabe verschiedener Landschaftsbände in Webers Schilderung; verwirklichen konnte er nur 1904 die ›Rundreise durch die [...] Pfalz‹, der er eine gerechte Würdigung vorausschickte. Seither ist Webers Reisebuch in Teildrucken und Sammelwerken, in Anthologien über das Reisen und Sammelbänden über einzelne Städte und Landschaften immer wieder nachgedruckt worden. Zuletzt, zwischen 1978 und 1980, durch Franz Georg Brustgi, der Webers Texte stark überarbeitet für Reisen durch das ehemalige Königreich Württemberg oder das Großherzogtum Baden einrichtete, durch Bayern und Franken.

Dymocritos

Erster Band.

Stuttgart 1832.

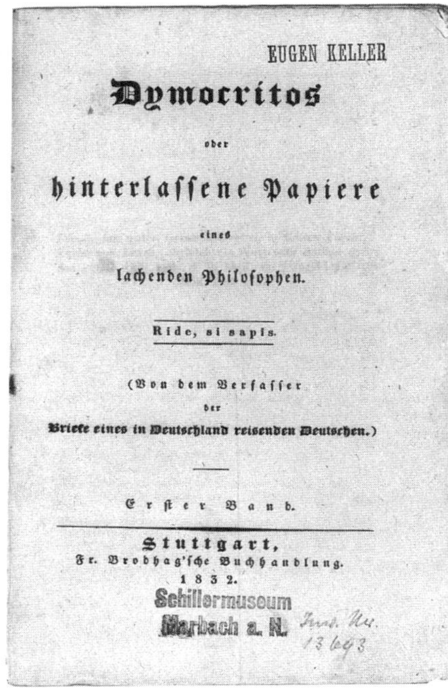

EUGEN KELLER

Dymocritos

oder

hinterlassene Papiere

eines

lachenden Philosophen.

Ride, si sapis.

(Von dem Verfasser der Briefe eines in Deutschland reisenden Deutschen.)

Erster Band.

Stuttgart,
Fr. Brodhag'sche Buchhandlung.
1832.

Schillermuseum
Marbach a. N. Inv. Nr. 13643

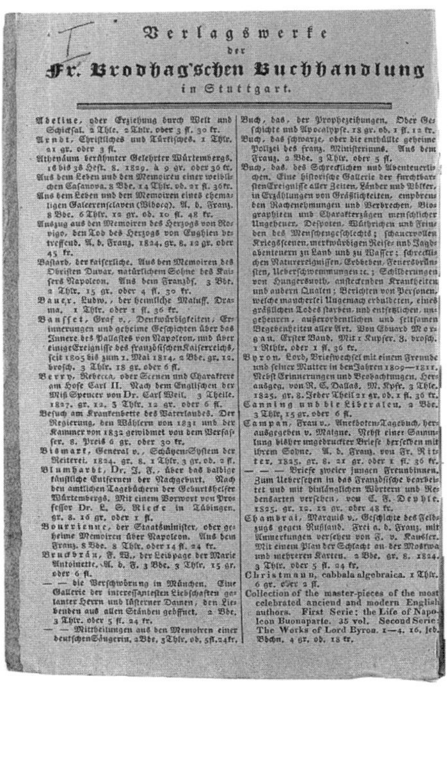

I

Verlagswerke der Fr. Brodhag'schen Buchhandlung in Stuttgart.

Adeline, oder Erziehung durch Welt und Schicksal. 2 Thle. 2 Thlr. oder 3 fl. 30 kr.

Arndt, Christliches und Türkisches. 1 Thlr. 21 gr. oder 3 fl.

Athenäum berühmter Gelehrter Würtembergs. 16 bis 38 Heft. 8. 1829. à 9 gr. oder 36 kr.

Aus dem Leben und den Memoiren einer weiblichen Casanova. 8 Bde. 14 Thlr. od. 21 fl. 36 kr.

Aus dem Leben und den Memoiren eines ehemaligen Galeerensclaven (Vidocq). A. d. Franz. 8 Bde. 6 Thlr. 12 gr. od. 10 fl. 48 kr.

Auszug aus den Memoiren des Herzogs von Rovigo, den Tod des Herzogs von Enghien betreffend. A. d. Franz. 1824. gr. 8. 12 gr. oder 45 kr.

Bastard, der kaiserliche. Aus den Memoiren des Obristen Duvar, natürlichem Sohne des Kaisers Napoleon. Aus dem Französ. 3 Bde. 2 Thlr. 15 gr. oder 4 fl. 30 kr.

Bauer, Ludw., der heimliche Maluff. Drama. 1 Thlr. oder 1 fl. 36 kr.

Bausset, Graf v., Denkwürdigkeiten; Erinnerungen und geheime Geschichten über das Innere des Pallastes von Napoleon, und über einige Ereignisse des französischen Kaiserreichs, seit 1805 bis zum 1. Mai 1814. 2 Bde. gr. 12. brosch. 3 Thlr. 18 gr. oder 6 fl.

Berry, Rebecca, oder Scenen und Charaktere am Hofe Carl II. Nach dem Englischen der Miß Spencer von Dr. Carl Weil. 3 Theile. 1827. gr. 12. 3 Thlr. 12 gr. oder 6 fl.

Besuch am Krankenbette des Vaterlandes. Der Regierung, den Wählern von 1831 und der Kammer von 1832 gewidmet von dem Verfasser. 8. Preis 6 gr. oder 30 kr.

Bismark, General v., Schützen-System der Reiterei. 1824. gr. 8. 1 Thlr. 3 gr. od. 2 fl.

Blumhardt, Dr. J. F., über das baldige künstliche Entfernen der Nachgeburt. Nach den amtlichen Tagebüchern der Geburtshelfer Würtembergs. Mit einem Vorwort von Professor Dr. L. S. Riecke in Tübingen. gr. 8. 16 gr. oder 1 fl.

Bourrienne, der Staatsminister, oder geheime Memoiren über Napoleon. Aus dem Franz. 8 Bde. 8 Thlr. oder 14 fl. 24 kr.

Bruckbräu, F. W., der Leibpage der Marie Antoinette. A. d. F. 3 Bde. 3 Thlr. 15 gr. oder 6 fl.

— — die Verschwörung in München. Eine Gallerie der interessantesten Liebschaften galanter Herrn und lüsterner Damen, den Liebenden aus allen Ständen geöffnet. 2 Bde. 3 Thlr. oder 5 fl. 24 kr.

— — Mittheilungen aus den Memoiren einer deutschen Sängerin. 2 Bde. 3 Thlr. od. 5 fl. 24 kr.

Buch, das, der Prophezeihungen. Oder Geschichte und Apocalypse. 18 gr. od. 1 fl. 12 kr.

Buch, das schwarze, oder die enthüllte geheime Polizei des franz. Ministeriums. Aus dem Franz. 2 Bde. 3 Thlr. oder 5 fl.

Buch, das, des Schrecklichen und Abenteuerlichen. Eine historische Gallerie der furchtbarsten Ereignisse aller Zeiten, Länder und Völker, in Erzählungen von Gräßlichkeiten, empörenden Rachenehmungen und Verbrechen, Biographieen und Charakterzügen menschlicher Ungeheuer, Despoten, Wüthrichen und Feinden des Menschengeschlechts; schauervollen Kriegsscenen, merkwürdigen Reise- und Jagdabenteuern zu Land und zu Wasser; schrecklichen Naturereignissen, Erdbeben, Feuersbrünsten, Ueberschwemmungen rc.; Schilderungen von Hungersnoth, ansteckenden Krankheiten und andern Qualen; Berichten von Personen, welche mancherlei Ungemach erduldeten, eines gräßlichen Todes starben, und entsetzlichen, ungeheuren, außerordentlichen und seltsamen Begebenheiten aller Art. Von Eduard Morgan. Erster Band. Mit 1 Kupfer. 8. brosch. 1 Rthlr. oder 1 fl. 36 kr.

Byron, Lord, Briefwechsel mit einem Freunde und seiner Mutter in den Jahren 1809—1811. Nebst Erinnerungen und Beobachtungen. Herausgeg. von R. C. Dallas. M. Kpfr. 3 Thle. 1825. gr. 8. Jeder Theil 21 gr. od. 1 fl. 36 kr.

Canning und die Liberalen. 2 Bde. 3 Thlr. 15 gr. oder 6 fl.

Campan, Frau v., Anekdoten-Tagebuch, herausgegeben v. Maigne. Nebst einer Sammlung bisher ungedruckter Briefe derselben mit ihrem Sohne. A. d. Franz. von Fr. Ritter. 1825. gr. 8. 21 gr. oder 1 fl. 36 kr.

— — — Briefe zweier jungen Freundinnen. Zum Uebersetzen in das Französische bearbeitet und mit hinlänglichen Wörtern und Redensarten versehen, von C. F. Deyhle. 1825. gr. 12. 12 gr. oder 48 kr.

Chambrai, Marquis v., Geschichte des Feldzugs gegen Rußland. Frei a. d. Franz. mit Anmerkungen versehen von F. v. Kausler. Mit einem Plan der Schlacht an der Moskwa und mehreren Karten. 2 Bde. gr. 8. 1824. 3 Thlr. oder 5 fl. 24 kr.

Christmann, cabbala algobraica. 1 Thlr. 6 gr. oder 2 fl.

Collection of the master-pieces of the most celebrated anciend and modern English authors. First Serie: the Life of Napoleon Buonaparte. 35 vol. Second Serie: The Works of Lord Byron. 1—4. 16. jed. Bdchn. 4 gr. od. 18 kr.

Clarke, Lattimore, Olesia oder Polen. A. d. Engl. 4 Thle. 8. 1827. 2 Thlr. 12 gr. od. 4 fl.

Cooper, der letzte Mohikan. Eine Geschichte aus dem Jahre 1757. A. d. Engl. 4 Thle. 8. 1826. brosch. 4 Thlr. oder 7 fl.

Cooper, die Nordamerikaner. 4 Bde. 3 Thlr. 12 gr. oder 6 fl.

Cunningham, Allan, Paul Jones der Seeräuber für Amerika's Freiheit. Ein Roman. A. d. Engl. 3 Bde. 8. 4 Thlr. oder 7 fl.

Cypressenkränze, dem Andenken der Heimgegangenen. Zur Weihe der hier Vollendeten. 18. 3 ggr. oder 12 kr.

Daunou, P. C. F., was wollen die Völker? oder Versuch über die individuellen Bürgschaften, wie der gegenwärtige Zustand der Gesellschaft sie fordert. A. d. Franz. übersetzt von General v. Theobald. gr. 8. 21 gr. od. 1 fl. 30 kr.

Denkwürdigkeiten der Zeitgenossen. I. Band: Carascosa über die Revolution des Königreichs Neapel in den Jahren 1820 und 1821. II. Band: Ueber den gegenwärtigen Krieg der Griechen von Pontier. III. Band: Zur Lebensgeschichte des Don Raphael Riego. IV. Band: Aus dem Leben Ferdinand VII. Königs von Spanien, von M. J. Quin. Mit 3 Kpfrn. und 1 Karte. gr. 8. 1824. 3 Thlr. 12 gr. od. 9 fl. 36 kr.

Die Darstellung der Tragödie Faust von Göthe auf der Bühne. Ein zeitgemäßes Wort für Theaterdirectionen, Schauspieler und Bühnenfreunde. Von L. W. 8. br. 9 gr. od. 36 kr.

Deutschlands wildwachsende Arzneypflanzen

in naturgetreuen Abbildungen mit vollständigem Text.
Ein Handbuch für junge Mediciner und Pharmaceuten.
Herausgegeben von J. G. Mann.
18 Heft, 12 ill. Tafeln mit Text. gr. 8. br. Preis 21 gr. oder 1 fl. 30 kr.

Europa.

Eine monatliche Uebersicht der politischen Begebenheiten dieses Welttheils.
Für Freunde der Tagsgeschichte, Zeitungsleser und Politiker aus allen Ständen.
Preis des höchst eleganten Heftes 15 kr. od. 4 gr.
(Erschienen sind Heft 1 bis 9, die Begebenheiten der Monate April bis Dezember des Jahrs 1831 enthaltend.)

Wilhelm Hauff's sämmtliche Schriften,

geordnet und mit einem Vorwort versehen von Gustav Schwab.
36 Bändchen, Taschenformat, elegant broschirt. Subscriptionspreis 4 Thlr. 12 gr. od. 7 fl. 12 kr.

E. T. W. Hoffmann's erzählende Schriften

in einer Auswahl.
Herausgegeben von seiner Wittwe Micheline Hoffmann, geb. Rorer.
18 Bändchen in lieblichem Format und höchst elegant brosch. Subscriptionspreis 3 Thlr. oder 5 fl. 24 kr.

Das Juwelen-Kästchen unserer Haushaltung.

Eine nützliche Enthüllung ganz einfacher Mittel, welche in der Haus- und Landwirthschaft, bei Krankheiten und Uebeln der Menschen und Hausthiere und vielen andern Fällen ohne alle Kosten mit auffallendem Vortheil angewendet oder höchst wohlfeil und ohne fremde Hülfe benützt werden können. Von G. Ch. Mohr, 2 Bde. 8. br. 1 Rthlr. od. 1 fl. 36 kr.

Walter Scott's sämmtliche Werke,

wohlfeilste Ausgabe à 9 kr. oder 2 gr. per Bdchn. in hübschem Umschlag, broschirt.
Die neuerlich erschienenen Bändchen 151 bis 156 enthalten: Das schöne Mädchen von Perth; und 157 bis 162: Karl der Kühne, oder die Tochter des Nebels. — (Fortsetzung, „Graf Robert von Paris" u. „das gefährliche Schloß" enthaltend, befindet sich unter der Presse.)

Der Schullehrer des neunzehnten Jahrhunderts.

Oder leichtfaßliche, aber wissenschaftlich begründete Darstellung des Anschauungs-Unterrichts, wodurch die Kinder wahrhaft gebildet und in Jahresfrist zu Abfassung eines guten Aufsatzes gebracht werden. Eine Zeitschrift für Väter und Lehrer in vierteljährigen Heften.
Preis des Jahrgangs von 4 Heften 1 fl. 36 kr. oder 1 Rthlr.

Die Walküre.

Romantisches Sittengemälde aus Norwegens letzter Zeit.
Von Dr. C. Morvell.
3 Bände, elegant broschirt. 8. Preis 6 fl. oder 3 Rthlr. 18 gr.

In Kurzem verläßt die Presse:

Barnabe

nach dem Französischen des Julius Janin.
Seitenstück zum Invaliden von C. Spindler.
4 Bände, 8. elegant broschirt.

Der ›Demokritos‹

»In dem merkwürdigsten Jahre meines Lebens entstand die Idee zu diesem Buche«, schreibt, in Anspielung auf August von Kotzebues Erinnerungen an seine Verschleppung nach Rußland, Karl Julius Weber in dem ›Fragment meines Lebens. 1802–1804‹ {SW 16, S. 5]. Danach hat er fast 30 Jahre lang, freilich nicht ohne größere Unterbrechungen, für sein humoristisch-satirisches Werk Material gesammelt und verarbeitet. »Es ist ungeheuer, was der Mann las und fraß, nämlich Bücher«, staunt der Rezensent der ›Blätter für literarische Unterhaltung‹ [Nr. 4 v. 4. Januar 1837, S. 16] und im Goedeke wird der zitierfreudige ›Demokritos‹ mit einer »umgefallenen Bibliothek« verglichen.

Erst gegen das Ende seiner Tage entschloß sich Weber, das umfangreiche Manuskript über das Lächerliche in allen Varianten zu veröffentlichen, und im Jahr 1832 konnte er noch den ersten von zwölf Bänden in Händen halten. Kostproben hatte der Vielgereiste als Anonymus im heimischen ›Intelligenzblatt für den Oberamtsbezirk Künzelsau und Umgebung‹, das seit 1828 herauskam, drucken lassen. Schon im ersten Jahrgang erschienen über Monate hinweg einzelne Kapitel – das *opus* war also weitgehend abgeschlossen. In der Vorahnung, die Edition nicht mehr zu erleben, kündigte er sein Buch von vornherein als ›Hinterlassene Papiere eines lachenden Philosophen‹ an. »Dieses muntere Werk zerfällt in 366 Capitel oder erbauliche Betrachtungen auf alle Tage im Jahr – und wegen des Schaltjahrs eins weiter noch«, versprach er; [SW 16, S. 5] doch entgegen dieser Ankündigung zählt man in den zwölf Bänden nur 281 Kapitel. In der Erstausgabe im Stuttgarter Verlag Brodhag (1832–1840) wurde auf Einband und Titel ›Dymokritos‹ gedruckt, vermutlich ein Verlesen des griechischen Buchstabens Eta. Später wechselt die Schreibweise des Titel zwischen dem griechischen »Democritos« und dem lateinischen »Demokritus«

Nach Webers Tod am 19. Juli 1832 fielen die Verlagsrechte der Alleinerbin, seiner Schwester Henriette Hammer, zu, deren Ehemann sofort mit der kommerziellen Auswertung des literarischen Nachlasses begonnen haben muß: So setzte er Brodhag in den Stand, die Einzelausgabe des ›Dymocritos‹ mit zehn weiteren Bänden bis 1840 fortzuführen. Gleichzeitig übertrug er Hallberger am 16. September 1833 vertraglich den Verlag, »*sämmtlicher* Werke

42–45 Auf der gegenüberliegenden Seite: Umschlag der Erstausgabe. Titelblatt. Anzeigen auf den Innenseiten des Einbands.

Der verstorbene Verfasser wollte diesem letzten Bande (noch dem Inhaltsverzeichniß zu schließen) noch „Fragmente meines Lebens aus den Jahren 1792 — 1802", beifügen. Die Erben erklärten indeß (S. unten) daß sie nichts dergleichen im Nachlasse gefunden hätten, wodurch wir außer Stande gesetzt sind, die Stärke der frühern Bände auch bei diesem einzuhalten. Sollten sich indeß die Fragmente noch vorfinden, liefern wir sie den geehrten Subscribenten dieses Werkes unberechnet nach, übrigens haben wir schon jetzt, ungeachtet der Herabsetzung des Preises auf die Hälfte, die versprochene Bogenzahl fast ganz geliefert.

Die Verlagshandlung.

Erklärung.

Auf Ersuchen der Brodhag'schen Buchhandlung zu Stuttgart wiederhole ich anmit die in meiner Proceßsache gegen die Hallberger'sche Verlagshandlung zu den Akten gekommene Erklärung, daß ich der Brodhag'schen Verlagshandlung das Weber'sche Werk „Dymocritos" zum Verlag übergeben und abgetreten, der Hallberger'schen Verlagshandlung aber bei der Ueberlassung die Handausgabe der sämmtlichen Weber'schen Werke, hinsichtlich des „Dymocritos" nur diejenigen Rechte abgetreten habe, welche nicht früher schon an die Brodhag'sche Buchhandlung von mir abgetreten worden sind, wie der Nachtrag zu dem mit Hallberger abgeschlossenen Vertrag bestimmt besagt und zwar aus dem Grunde, weil Hallberger versicherte, daß dem Verleger der sämmtlichen Werke eines Schriftstellers, nach „Buchhändlers" Gebrauch und Gewohnheit, die Befugniß zustehe, jedes einzelne Werk desselben Schriftstellers, welches einen andern Verleger hat, in die Gesammtausgabe aufzunehmen. *) Wenn demnach die Hallberger'sche Verlagshandlung durch den Abdruck des Dymocritos in der Gesammtausgabe der Weber'schen Werke die Rechte der Brodhag'schen Buchhandlung verletzt hat, da ihr mein Vertrag mit derselben wohl bekannt war, so ist es ohne meine Genehmigung und Zustimmung geschehen.

Zugleich bemerke ich, daß ich die „Fragmente meines Lebens aus den Jahren 1799—1802" die der verstorbene Hofrath Weber dem 12. Band seines Dymocritos anhängen wollte, in seinem Nachlasse nicht vorgefunden und niemals zu Gesicht bekommen habe, verpflichte mich aber zur Nachlieferung wenn ich noch in Besitz derselben kommen sollte.

Ulm, den 7. August 1840.

In Vollmacht der Erbin des verstorbenen Hofraths Weber deren Ehemann Oberamtmann Hammer zu Oehringen.

Webers (unter namentlicher Aufführung des Democrit) käuflich als freies Eigenthum, um nach Belieben damit zu schalten«. [SW 27, S.V] 1834 begann Hallberger mit der Ausgabe der ›Sämmtlichen Werke‹: Die ersten drei Bände enthielten das bis dahin ungedruckte Papst-Buch.

Es kam zu juristischen Auseinandersetzungen, die mit einem Vergleich am 16. August 1837 vor dem Stuttgarter Stadtgericht endeten: Hallberger erhielt das Recht, »ein von der Hand des Verfassers selbst geschriebenes vorhandenes Doppelt-Manuscript des Democrit« [SW 27, S.VII] in die ›Sämmtlichen Werke‹ aufzunehmen.

Hallberger begann seine Ausgabe (Impressum von 1838) mit dem von den Lesern eingeklagten ›Fragment meines Lebens‹, das Brodhag schon 1832 im Inhaltsverzeichnis des 1. Bandes versprochen hatte. Es konnte erst in den 2. Band eingerückt werden, nachdem sich die Hoffnung zerstreut hatte, »daß sich noch ähnliche Gemälde unter des Verfassers zerstreuten Papieren« fänden. [Dym 1, Inhalt] Brodhag kündigte nun, 1837, bereits eine »2., neu durchgesehene Auflage« seines Demokrit an, um seinem Konkurrenten zuvor zu kommen.

46 Aus dem 12. Band der Brodhag'schen Ausgabe, 1840

---

*) Ja, aber doch wohl erst, nachdem der Verleger der Einzelwerke seine Zustimmung gegeben hat, oder befriedigt ist? Es liegt in der Natur der Sache und ist stillschweigende Bedingung bei einer Gesammtausgabe, daß man dem Verleger der Einzelwerke seinen Vorrath abkauft oder vergütet, oder sich sonst mit ihm verständigt, denn es kann ja der Fall seyn, (wie es beim Democrit ist) daß der frühere Vertrag eine zweite Ausgabe oder Abdruck gar nicht ohne Zustimmung des ursprünglichen Verlegers zuläßt.

Unser Vertrag mit der Weber'schen Erbin lautet dahin, daß das Werk Dymocritos nach Bezahlung des Honorars, unser „alleiniges Eigenthum" wird, somit einen nochmaligen Verkauf oder Abdruck, ohne unsere Genehmigung, gar nicht denkbar ist. Obgleich nun der Hallberger'schen Buchhandlung wie auch aus obigem hervorgeht, diese Klausel wohlbekannt war, nahm sie doch keinen Anstand, sogar noch ehe das Werk vollständig bei uns erschienen war, dasselbe nachzudrucken. Ein Fall solcher Art wird doch wohl seit Erfindung der Buchdruckerkunst zu den seltenen gehören?!

Das württemberg'sche Gesetz über schriftstellerisches Eigenthum und Schutz gegen Nachdruck v. 24. April 1838 spricht sich vor den erschienenen Gesetzen des Bundes und anderer Staaten, über solches Verhältniß am deutlichsten aus, in dem es unter andern in Art. 12 heißt: „Bei einem uneingeschränkten Verlagsrecht ist der Verfasser für immer, bei einem beschränkten aber nur während der Dauer und nach dem Umfange des von ihm übertragenen Verlagsrechts von jenen Rechten ausgeschlossen. Der Verleger kann das Nachdrucksverbot auch gegen eine von dem Verfasser selbst vertragswidrig unternommenen Vervielfältigung des verlegten Werkes geltend machen". — Art. 15. „Besteht nicht eine ausdrücklich eingegangene gegentheilige Verbindlichkeit, so ist der Verfasser nicht gehindert, einzelne seiner Werke, auf welchem einem Dritten das Verlagsrecht übertragen ist, in einer Sammlung seiner Werke abdrucken zu lassen". —

Aber auch schon nach frühern Gesetzen wurde von dem Stadtgericht Stuttgart durch Entscheidung v. 10. April v. J. erkannt, daß die Hallberger'sche Buchhandlung zu dem Druck des Democritos nicht berechtigt und die unterzeichnete Buchhandlung dagegen befugt gewesen sey, den Buchhändler Hallberger als Nachdrucker für den Fall zu erklären, wenn derselbe wirklich unter seine Ausgabe der sämmtlichen Weber'schen Werke auch den Dymocritos, welcher ihr, der Brodhag'schen Buchhandlung, alleiniges Eigenthum sey, aufnehmen sollte.

Die Verlagshandlung.

Gegenerklärung.

Es hat der F. Brodhag'schen Buchhandlung hier beliebt, dem zwölften Bande des in ihrem Verlage erscheinenden Weber'schen Democrit eine von ihr glossirte Erklärung des Herrn Oberamtmanns Hammer zu Oehringen, als Repräsentanten der Erben des verstorbenen Hofraths Weber, vorzudrucken.

Wir wundern uns wirklich, daß diese Buchhandlung nicht müde wird, das Publikum in dieser gegenwärtig noch gerichtlich anhängigen Sache fortwährend durch derartige Insinuationen zu mystificiren, und bedauern zugleich, uns hierdurch, um nicht durch unser Stillschweigen etwa den Glauben zu erwecken, als hätten wir nichts auf jene Erklärung zu erwiedern, zu nachstehender Gegenerklärung genöthigt zu sehen, von der wir gewünscht hätten, daß sie jetzt schon durch eine gerichtliche Erledigung überflüssig wäre.

Gegen die Erklärung des Herrn Oberamtmanns Hammer bemerken wir: — Als wir am 16. September 1833 unsern Vertrag mit ihm abschloßen, worin uns „**sämmtliche** Werke Webers (unter namentlicher Aufführung des Democrit) käuflich als freies Eigenthum, um nach Belieben damit zu schalten" und mit der Ermächtigung: „wie es uns gefällt, **Gesammt**-Ausgaben und **Einzeln**-Ausgaben davon zu veranstalten", überlassen wurden, hatten wir von keinem andern von Seiten Webers oder dessen Erben mit der Brodhag'schen Buchhandlung in Betreff des Democrit abgeschlossenen Vertrage Kenntniß, als von demjenigen, durch welchen jene Buchhandlung längst den Verlag nur der ersten zwei Bände des Democrit erworben hatte. Erst, nachdem unser Vertrag am 16. September 1833 Morgens von beiden Seiten unterzeichnet war, erschienen die Weber'schen Erben an demselben Tage Nachmittags wieder und erwähnten nun allerdings eines mit der Brodhag'schen Buchhandlung inzwischen abgeschlossenen oder noch abzuschließenden (es wurde sich darüber nicht deutlich ausgesprochen) Vertrages über den Einzel-Verlag des Democrit, ohne uns übrigens diesen Vertrag vorzulegen, oder uns mit den Specialitäten desselben bekannt zu machen, und suchten uns zu bewegen, unserem

Vertrage einen Nachtrag anzuhängen, in welchem gesagt werde, daß wir den Democrit nur zum Behufe der Aufnahme desselben in eine Gesammt-Ausgabe der Weber'schen Werke erworben haben. — Wiewohl wir, nachdem unser Contract unterzeichnet war, zu einer solchen nachträglichen Einschränkung keineswegs verbunden waren, so ließen wir uns doch deßhalb dazu herbei, weil wir nie beabsichtigt hatten, den Democrit anders als in unserer Gesammt-Ausgabe erscheinen zu lassen. — Dieser Nachtrag, welcher wörtlich so lautet:

„— — wird bemerkt, daß die Verkäufer nur diejenigen Rechte auf den Democrit abtreten, welche nicht die Brodhag'sche Buchhandlung acquirirt hat,"

bekam diese indirekte Fassung aus dem Grunde, weil die Weber'schen Erben gegen uns verlauten ließen, daß die Brodhag'sche Buchhandlung den Verlag des Democrit, wie es denn auch wirklich der Fall war, nur auf precäre Art übernommen habe, und wir für den Fall der Wiederauflösung dieses Verlagsverhältnisses uns unsers Rechtes, den Democrit auch einzeln erscheinen zu lassen, nicht begeben wollten. Eine sich von selbst verstehende Sache war es hiebei, daß das Recht der Aufnahme des Democrit in eine Gesammt-Ausgabe uns jedenfalls bleiben sollte. Was wäre denn eine solche Gesammt-Ausgabe, auf welche unser Augenmerk bei unserem Vertrage hauptsächlich gerichtet war, ohne den Democrit gewesen? — Hätte jenes Recht uns entzogen werden wollen, und wir also an den Democrit gar keine Rechte erwerben sollen, so hätte der Nachtrag wahrhaftig ganz anders lauten müssen.

In Gemäßheit dieser bei Abschließung unseres Vertrages unzweifelhaft zu Grunde liegenden Absicht bestätigte denn auch der Herr Oberamtmann Hammer, nachdem er mit der Brodhag'schen Buchhandlung wegen der Aufnahme des Democrit in unsere Gesammt-Ausgabe längst in Prozeß gerathen war, unter'm 16. August 1837 bei einem vor dem hiesigen K. Stadtgerichte abgeschlossenen Vergleiche ausdrücklich jenes unser Recht, indem er sich verbindlich machte, uns „zum Behufe der Herausgabe in der von uns veranstalteten Gesammt-Ausgabe der Weber'schen Werke ein von der Hand des Verfassers selbst geschriebenes vorhandenes Doppelt-Manuscript des Democrit zu übergeben, was denn nachmals auch wirklich geschah.

Nach dieser wahrheitgetreuen Darstellung ist die erwähnte in wesentlichen Punkten unwahre Erklärung des Herrn Oberamtmanns Hammer zu berichtigen.

Was aber hiernach die jener Erklärung angehängte Anmerkung der Brodhag'schen Buchhandlung betrifft, so können wir uns begnügen, darauf zu erwiedern:

1) Daß wenn der Herr Oberamtmann Hammer den Democrit zugleich an sie und an uns, oder vielmehr zuerst an uns und dann an sie verkauft hat, dieß nicht uns zur Last gelegt werden kann;

2) daß ein württembergisches Gesetz über schriftstellerisches Eigenthum und Schutz gegen Nachdruck vom 24. April 1838, oder überhaupt ein solches Gesetz, in welchem die von der Brodhag'schen Buchhandlung angeführten Stellen stünden, nur in der Einbildung dieser Buchhandlung existirt, diese angebliche Gesetzes-Bestimmungen übrigens hier gar nicht in Betracht kommen könnten, wo es sich um Verträge vom Jahr 1833 handelt, und endlich

3) daß das stadtgerichtliche Erkenntniß ganz anders lautet, als die Brodhag'sche Buchhandlung es darstellt, daß übrigens von uns gegen jenes Erkenntniß Appellation ergriffen worden ist, auf welche die Entscheidung, welcher wir mit Vertrauen entgegensehen, der Zeit freilich leider noch aussteht.

Den Abnehmern der Gesammtwerke können wir noch außerdem die Versicherung geben, daß unsere Ausgabe des Democrit jedenfalls reichhaltiger und vollständiger als die Brodhag'sche ist, wozu uns das oben angeführte Doppelt-Manuscript in Stand setzt. Ein Blick auf die vielen Textstellen, welche wir aus dem Manuscript noch weiter nahmen und als Anmerkung gaben, wird das zeigen. — Auch haben wir mit den hinterlassenen Papieren eine kurze Selbstbiographie des verstorbenen Verfassers erhalten, welche wir diesem Band des Demokritos vorsetzen, da sie hauptsächlich die Jahre 1792 bis 1802 umfaßt, und also das Fragment des Lebens des Verfassers aus jenen Jahren, welches die Brodhag'sche Buchhandlung nicht liefern kann, vollkommen ersetzt.

Stuttgart.

Hallberger'sche Verlagshandlung.

Die Erstausgabe [1832 ff.] und die Fassung der ›Sämmtlichen Werke‹ gleichen sich fast durchgehend. Weber hatte bei der Abschrift minimale Änderungen angebracht. Ein Gutteil der Abweichungen beruht hingegen auf Lesefehlern und der flüchtigen Arbeit der Setzer, was die Rezensenten immer wieder rügen.

Der Hauptunterschied besteht in den verschiedenen Bandeinteilungen. Weil Band 2 in den ›Sämmtlichen Werken‹ einige Kapitel mehr hat als in der Erstausgabe, verschieben sich die folgenden Bandeinteilungen, zu ihrem Vorteil übrigens. So sind z. B. alle Aufsätze über die Nationen in einem Band zusammengefaßt. Was den Anspruch der größeren Vollständigkeit betrifft, den Hallberger erhebt, so bezieht sich das nur auf einen nicht sehr umfangreichen ›Anhang aus dem Nachlaß‹ [SW 28–30] sowie Skizzen und Anekdoten. [SW 27, S. 297 ff.]

Das literarische Großunternehmen wurde ein buchhändlerischer Erfolg: Rechnet man die Ausgabe in den ›Sämmtlichen Werke‹ mit, so sind 15 Gesamtauflagen zu ermitteln. Dabei läßt sich eine Häufung in den 1830er Jahren und wieder um 1890 mit jeweils vier Auflagen feststellen. Die einzige vollständige Edition, die nach dem Ersten Weltkrieg im Leipziger Verlag Hendel erschien, hatte 1927 Karl Martin Schiller besorgt; sie hebt sich insofern von allen früheren ab, als der Herausgeber die Kapitel neu anordnet und inhaltlich Zusammengehöriges vereinigt.

Aus den rund fünftausend Seiten, dessen zwölf Teile gelegentlich in vier oder gar in drei Bänden zusammengebunden waren, haben findige Editoren Auswahlbände gefiltert. Schon Brodhag vertrieb seit den 1840er Jahren seine Ausgabe auch einzeln und unter vielversprechenden Titeln. So erschien etwa 1842 der 6. Band unter dem Titel ›Die Leidenschaften‹, während der Verlag Scheible, Rieger & Sattler 1842 ›Menschliche Liebhabereien‹ und die Sammlung ›Satire, Komik und der Roman‹ feilboten. Im letzten Viertel des vorigen Jahrhunderts figurierte Weber in ›Meyer's Groschenbibliothek der deutschen Classiker‹, zweibändig, und bis 1926 brachte der Reclam Verlag Teile des ›Demokritos‹ in mehreren Nummern seiner ›Universal-Bibliothek‹ heraus.

Es ist hier nicht der Platz, alle Teilausgaben aufzureihen. Nach dem Zweiten Weltkrieg sind in regelmäßigen Abständen Auswahlausgaben erschienen, zuletzt und noch im Buchhandel erhältlich, der Band ›Also sprach Demokritos. Aus ›Demokritos oder hinterlassenes Papier [!] eines lachenden Philosophen‹‹, herausgegeben von Ursula v. Gast [Heidelberg: I. H. Sauer 1990]. An seinen 200. Geburtstag im Jahr 1967 erinnerte Wolfgang Ronner in einer einbändigen Auswahl [München: Winkler 1966] und Jürgen Rauser mit einer

Die

Leidenschaften.

Von

Karl Julius Weber.

In zwei Theilen.

Zweiter Theil.

Stuttgart und Leipzig

Verlag der Fr. Brodhag'schen Buchhandlung.

1842.

MUSEUM IN ESSLINGEN

48 Titelblatt

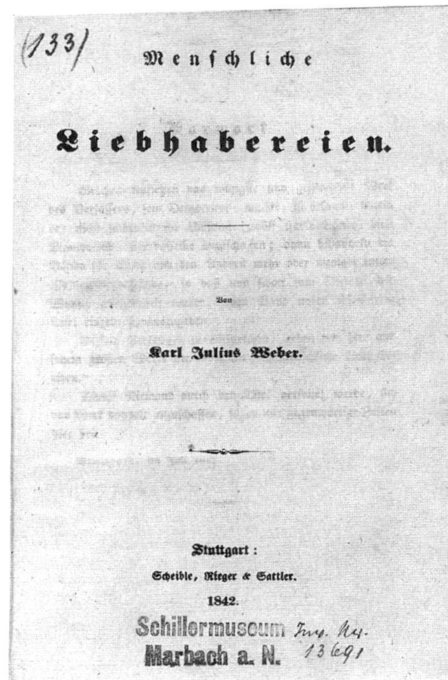
(133)

Menschliche

Liebhabereien.

Von

Karl Julius Weber.

Stuttgart:

Scheible, Rieger & Sattler.

1842.

Schillermuseum Marbach a. N.

49 Titelblatt

zweibändigen Ausgabe: ›Und so verzeiht mir mein spöttisch Maul‹ [Schwäbisch Hall: Eppinger Verlag 1966].

Der ursprüngliche Plan Webers war es gewesen, das »*Lächerliche* in der Theorie und Praxis, in ästhetischer, litterarischer, sittlicher und religiöser Beziehung« [SW 1, S. LXVIII] darzustellen, also eine Theorie des Komischen zu geben. Durch das vieljährige Sammeln und Verarbeiten wuchs das Ganze über diese Konzeption hinaus. So wurde sein Werk »ein recht wackerer Anthropolog in der weitesten Bedeutung, aber in humoristischer Manier«, wie ihn der Autor selbst in einem Brief an seinen Bruder kennzeichnet.

1927 hat Ernst Ludwig ›Die ästhetischen Anschauungen in Webers ›Demokrit‹‹ untersucht und festgestellt: »In seiner Betrachtung über das Lachen geht Weber von der Entgegensetzung des physischen und des geistigen Lachens aus. Er sagt aber nicht zuvor, wie und mit welchem Rechte er überhaupt zu dieser Entgegensetzung der beiden voraussetzungslos und ohne weiteres nicht voneinander in Form eines Gegensatzes zu trennenden Arten des

Lachens kommt. Denn das Lachen an sich genommen ist eine ›Convulsion der Bauch- und Gesichtsorgane‹. Welche besonderen Züge, welche Bedeutung das Lachen annehmen kann, das geschieht nur unter Voraussetzung dessen, was nicht ohne weiteres hätte vorausgesetzt werden dürfen. Die Voraussetzungen im voraus darzulegen, wäre also Webers Pflicht gewesen, und daß er's nicht getan hat, macht ein tiefgreifendes Verständnis seines Werkes nicht nur schwer, sondern fast unmöglich. Das wenige, was er hintennach und nebenher von diesen Voraussetzungen nachzuholen bestrebt ist, beschränkt sich auch nur darauf, daß er den von ihm angenommenen Gegensatz des Lachens zu dem allgemeinen von Körper und Geist erweitert.« [v. Münchow: Giessen 1927, S. 15 ff.]

Im weiteren Verlauf der Darlegungen wird klar, daß für Weber demokritisches und geistiges Lachen ein und dasselbe sind. Es wird auch deutlich, daß für die Zeit *vor* Kant Die ›Geschichte der komischen Litteratur‹ [Leipzig: Barth 1784–1787] von Carl Friedrich Flögel sein Führer ist, *nach* Kant Stephan Schütze mit seinem ›Versuch einer Theorie des Komischen‹. [Dresden: Hartknoch 1818] Eine theoretische Vermittlung zwischen Aufklärung und Idealismus gelingt Weber nicht; Jean Pauls Erklärung des Lächerlichen aus der ›Vorschule der Aesthetik‹ [Hamburg: Perthes 1804] steht er ratlos gegenüber und nennt sie eine »dunkle Definition« [Dym 1, S. 174]. Während Jean Paul zum ersten Mal rein subjektiv das Lächerliche zu deuten versucht, ist Weber gewohnt, den Grund des Lächerlichen im Objektiven zu finden. Folglich definiert Weber: »Wir finden *das lächerlich, wo wir einen überraschenden Contrast unschädlicher Ungereimtheiten oder unwichtiger Abweichungen von der Regel, Disharmonie zwischen Natur und Freiheit mit lebhafter Anschaulichkeit wahrnehmen* [...]« [SW 16, S. 279]

Der Humor aber sitzt nach Weber »recht eigentlich im *Gemüthe*« [SW 17, S. 27]. »Mit einem Seufzer umfaßt der Humorist die Welt, und mit einem Lächeln verwischt er eigenes Unglück und fremdes; die kleinsten Dinge sind in seinem Munde groß, und das Große spricht er nie aus, ohne auf das Winzige seitwärts zu lächeln, das stets mit dem ist, was die Menschen *Groß* nennen.« [SW 17, S. 28] Mit Scherz, Epigramm, Bonmot, Satire, Spott, Ironie, Persiflage, Lustspiel, komischer Roman, Burleske, Posse, Farce, Groteske und Zynismus – die Aufzählung ist keineswegs vollständig –, mit diesen Kategorien will Weber die Gattungen des Lächerlichen bestimmen und erläutern.

Ohne anzugeben, ob er eigene oder fremde Ideen wiedergibt, setzt er seine Ansichten meist thesenartig hin und reiht anschließend munter Beispiele und Anekdoten dazu auf. Sprünge und auch Widersprüche, sowie der schon angedeutete Mangel an begrifflicher Bestimmtheit und Klarheit machen es fast unmöglich, eine Linie zu verfolgen. Die Kapitel I–VIII des ersten Bandes handeln vom physischen und geistigen Lachen. Danach schiebt Weber schon einige erbauliche Betrachtungen ein, die den Gang der ästhetischen Erörterung unterbrechen. Das Kapitel XI ist eine ›Rede in die zweiunddreißig Winde, an die Jünglinge und meine Zeit‹. Dieser Titel erinnert an die Jean Paul'sche Diktion. »Nie, Geliebte in Christo, lacht man lieber, als in der Jugend, und doch ist das Lachen und das Lächerliche gerade am wenigsten für die Jugend« [SW 16, S. 200], beginnt Weber seine Ansprache. Im weiteren gibt er Lebensregeln und ermahnt zur Einfachheit und Nüchternheit. »Die schönste Rede, die man unsern Zeiten halten kann, wäre: *Ueber die Kunst zu Hause zu bleiben.«* [SW 16, S. 216] In den 201 Kapiteln über ›Das Lächerliche objektive betrachtet‹ beschäftigt sich Weber nicht nur mit den Gattungen des Lächerlichen, er spürt dem Lächerlichen in seinem ganzen Umfang nach: in den menschlichen Eigenschaften und Leidenschaften, Vergnügungen, in Staat, Religion, Sitten, Literaturgattungen, Nationen, Ständen usw. Alles Erdenkliche zieht er vor sein »satirisch-ernsthaft-humoristisches Forum, und es gibt nicht leicht eine Kappe, durch die ein Eselsohr, oder einen Mantel, unter welchem ein Pferde- oder anderer Fuss hervorsieht, auf welche Dymocritos nicht zeigte und nach Umständen auch schlüge.« [Repertorium der gesammten deutschen Literatur, Leipzig: F. A. Bockhaus 1834, Band 3, S. 629 f.]

»Der erste Anblick eines Werkes über das Lachen, dessen erster Band bereits 376 S. gr. 8. umfaßt, zieht unsere Gesichtsmuskeln in bedeutend ernste Falten zusammen. Wir blättern: eine Fülle von Gelehrsamkeit strotzt uns entgegen; das ist nicht zum Lachen!« Der Rezensent Nr. 131 der ›Blätter für literarische Unterhaltung‹ [Nr. 229 v. 16. August 1832, S. 970 f.] findet in seiner ausführlichen Besprechung der Brodhag'schen Ausgabe dann aber auch »viel Schönes über den Frohsinn« und »satyrischen Witz«. Am Schluß verrät er mit der Wendung »langenburger Demokritos« auch noch, daß er den Verfasser kenne. Auch die ›Leipziger Literatur-Zeitung‹ hat schon im August 1832 auf den ›Demokritos‹ der Brodhag-Ausgabe reagiert: »Das Buch ist daher ein Tröster (im guten Sinne), aber nicht in der Bedeutung alter Postillen, welche, unrichtig so bezeichnet, Gähnen und Schlaf, nicht aber Heiterkeit erzeugten. Nehmen wir dieses Geschenk – müde des tobenden Geschreys der feindlich gegenüberstehenden Parteyen – mit Dank an. Für diejenigen, welche nichts vergessen, auch nichts lernen wollen, ist dieses Buch nicht geschrieben. [...] Auch ist es nicht für unbärtige Jünglinge und züchtige Mägdlein, vulgo Fräulein genannt, bestimmt. Aeltern und Mentoren mögen denselben zur Erbauung, mit Auswahl, Lehren, Sentenzen u. Anekdoten daraus mittheilen u. erklären. Hierzu ist reichlicher Stoff vorhanden, denn der Verf. hat aus dem reichen Schatze eigener Erfahrung und seiner gut verdauten grossen Belesenheit vieles geliefert, was Kopf und Gemüth erquickt. Es ist wieder die gesunde, mitunter derbe Hausmannskost, welche stärkt und nährt mit grosser Kraft, wie wir solche in seinem Deutschland[-Buch] fanden.« [Nr. 198 v. 13. August 1832, Sp. 1577 ff.]

Am 2. und 6. Dezember 1839 und noch einmal am 18. Juni 1841 beschäftigte sich Wolfgang Menzel in Cotta's ›Literaturblatt‹ mit allen zwölf Bänden des ›Dymocritos‹. »Der verstorbene Hofrath Weber, der dieses Werk, so wie die bekannten Briefe über Deutschland, die Möncherei etc. geschrieben hat, gehört der guten ältern Schule deutscher Humoristen an, die leider mit ihm ausgestorben zu seyn scheint. Dieser Humor charakterisirt sich dadurch, daß er sich vor allen Dingen nicht schämt, deutsch zu seyn, [...] während unsre jüngsten Humoristen ihr Vaterland und die deutsche Natur zu verachten affectiren, es Pariser Stutzern nachmachen wollen und doch weit hinter der Leichtigkeit derselben zurückbleibend als verdorbene Deutsche untergehn, ohne als gute Franzosen wiederaufleben zu können.« [Nr. 122 v. 2. Dezember 1839, S. 485 ff.] Nach diesem Seitenhieb auf Heinrich Heine und die Jungdeutschen lobt er dann Webers »alten gewichtigen Sterlingswitz, den die Deutschen immer und schon vor den Engländern liebten«, sowie den »noch aus der alten Zeit entlehnten Cynismus, durch die Freiheit, die er sich nimmt, ungescheut Alles beim rechten Namen zu nennen und durch eine gewisse Satyrnatur, die es ungemein freut, allzu prude und überfeine Leute durch Derbheiten zu ärgern. Er geht darin wohl etwas zu weit, indeß es ist sehr erklärbar.« »Der bescheidene Verfasser wollte nicht mehr, als unterhalten und die Mürrischen oder Leidenden zum Lachen bringen. Diesen wohlthätigen Zweck wird sein Buch erreichen und überdies auch gar manche Belehrung gewähren, und noch lange nach seinem Tode werden Manche ihm die heitern Stunden Dank wissen, die er ihnen machte.« [Literaturblatt, Nr. 123 v. 6. Dezember 1839, S. 492] »Das schöne Geschlecht und die Jugend sind von einer Lektüre, wie diese, fern zu halten. Aber reife und praktische, besonders Geschäfts- und weltkundige Männer werden daraus das Vergnügen schöpfen, das den Alten ihr Aristophanes und dem Zeitalter der Reformation Rabelais gewährte, wobei zu bemerken ist, daß Weber nicht unverständlich wie jene, sondern überaus klar ist, und daß er, je mehr ihm die eigene Erfindung abgeht, desto fleißiger und glücklicher citirt.« [Literaturblatt, Nr. 62 v. 18. Juni 1841, S. 246]

Noch um das Jahr 1870 warnte der Bibliothekar der Museums-Gesellschaft in Esslingen in einer Teilausgabe des ›Demokritos‹ mit dem Titel ›Die

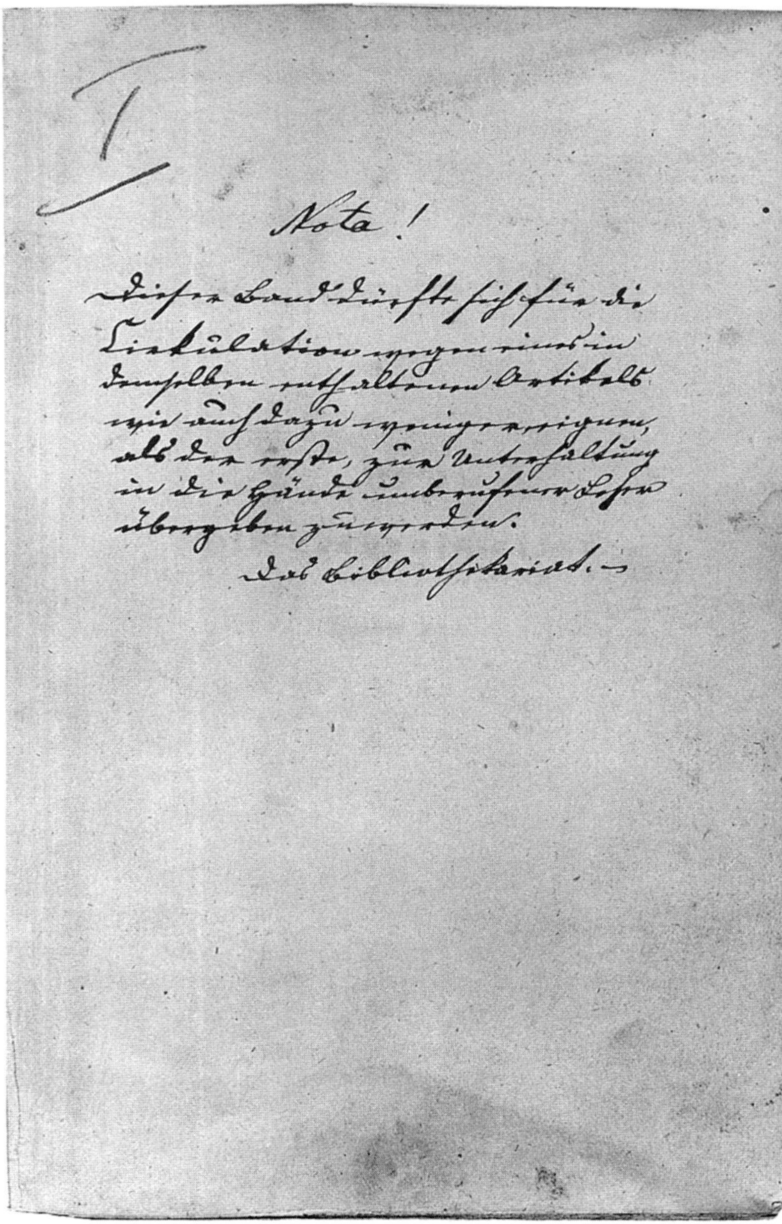
Nota!

Dieser Band dürfte sich für die Circulation wegen eines in demselben enthaltenen Artikels wie auch dazu weniger eignen, als der erste, zur Unterhaltung in die Hände unbefugter Leser übergeben zu werden.

Das Bibliothekariat.

50 Frontispiz der Einzelausgabe der Leidenschaften (1842)

Leidenschaften‹: »Nota! Dieser Band dürfte sich für die Cirkulation wegen eines in demselben enthaltenen Artikels wie auch dazu weniger eignen, als der erste, zur Unterhaltung in die Hände unberufener Leser übergeben zu werden. Das Bibliothekariat.« [DLA, Marbach]

Der erfolgreiche ›Demokritos‹ wird das Lieblingsbuch des liberalen Bürgertums im vorigen Jahrhundert. In Otto Erich Hartlebens Erzählung ›Vom gastfreien Pastor‹ gibt es dafür den sprechendsten Beleg [Ausgewählte Werke 2. Berlin: S. Fischer 1913, S. 117 ff.]. Ein Stammtisch in Wernigerode am Harz »bildete gewissermaßen den Hort der geistigen Opposition gegen das regierende Grafenhaus. Da residierte und räsonnierte der alte Oberstabsarzt mit dem riesigen Rittmeisterschnauzbart und gab mit seinem blutigen Witze, dem außer dem Weberschen Demokritos nichts heilig war, den Ton an. Dann war da noch der Amtsanwalt, der sich seine Weltanschauung aus Johannes Scherr gebildet hatte, dabei aber äußerlich ein korrekter, förmlicher Beamter geblieben war, der immer recht hatte.«

Als Abhandlung über ein ästhetisches Problem mit erläuternden Beispielen geplant, wuchs der ›Demokritos‹ zu einem geistreichen, skeptischen und auch wieder besinnlich-heiteren Lebensbuch heran, fand unzählige Leser und wurde oft nachgeahmt, ohne daß sich ein schlüssiger Beweis dafür liefern ließe. Für die heutigen Leser ist manches in die Ferne gerückt. Auch Webers Raisonnement in politischen und religiösen Fragen enthält nicht mehr den Zündstoff, den er für seine Zeit gehabt haben muß. Wer jedoch zufällig zu einem Band des ›Demokritos‹ greift und darin blättert, wird von dem geistreichen Feuerwerk der Gedanken und Anekdoten, dem Witz und den stilistischen Pointen dieses Autors angezogen.

»Si quelque secte a le merite,
de fixer votre esprit divin,
c'est l'école de Démocrite,
qui se moquait du genre humain.«*

Voltaire

*»Wenn irgendeine Sekte das Verdienst hat, euren göttlichen Geist zu fesseln, so ist es die Schule des Demokrit, der sich über das menschliche Geschlecht lustig macht.«

51–58 Manuskript von Webers Essay über das Steckenpferd

Über Stecken Reiterey

Steckenpferde hat der Mensch wohl von jeher gehabt; der Knabe
wie der Mann, Nationen, wie der Einzelne. Der *Nahmen* aber, wo-
mit man die *Liebhaberey an einem unbedeutenden Sache*, und *die*
beschäftigung mit derselben aus blossem Vergnügen d. *mit einer*
vorzüglichen Wichtigkeit getrieben, zu bezeichnen pflegt, ist erst
mit *Sterne* gäng und gäbe geworden, wie *Gräuseindel* und
Gräuseinklerey mit *Jean Paul Richter*. Tristram Shandy ist das
beste Compendium über diese neue Lehre. Unsere Zeit, die allem,
was *Englisch* hiess, Hass und Verwünschung geschworen hatte, wie der
Carthager Hannibal allem, was Römisch hiess, hätte billig nur
von *Hockets* (Quintenklappern) reden sollen, wenn sie recht *consequent*
hätte seyn wollen – aber es ging mit dem Hobby-Horse (Steckenpferd)
wie mit den Colonial Waaren auch.

Die *Steckenpferdreiter* halten sich in der Mitte zwischen den
Narren und den *Humoristen*, und ihre Anzahl ist gleich der Zahl
der Steckenpferde. Sociale Lieblingsneigungen und Lieblings-
beschäftigungen – sociale Steckenpferde! Urvaters Adam Stecken-
pferd scheint gewesen zu seyn den Dingen *Nahmen zu geben*, was
kraft der Erbsünde auf viele seiner Nachkommen fortgeerbet hat,
und die Wiege der Allerwelts Urgroßmütter war der fatale
Baum, von dem es noch keineswegs ausgemacht ist, ob es gerade
ein *Apfelbaum* gewesen sey. Ich möchte eher einen *Cafebaum*
darunter verstehen, so wie manche Ausleger unter der verführenden
Schlange

das erstaunen reißen wollen, was die Erfahrung unserer Zeit
am meisten zur Seite hat. Das ganze Mittelalter hindurch war
der *Römische Kayser Titel* das Steckenpferd unserer Monarchen –
vorzüglich der großen *Kaiser*; das *Ritterwesen* aber das Steckenpferd
des *Adels* und die *Mönscherey* das des Nichtadels. Unsere Zeit reitet
auf Stern und Orden und Adelsdekorationen – auf Titeln und
Amtsbenennungen, drängt sich in glänzende Cirkel und heirathet alles,
was *vornehm* heißet, oder einen *Unterrock* trägt; nur hie und
da kauert ein Diogenes im schmutzigen Philosophen Mantel –
in seiner Tonne, und lachet aller bürgerl. Sorgen u. Mühen.
Der *Held* reitet sein Steckenpferd, wie der *Dichter* seinen Pegasus,
und Agesilaus, mitten in seinem Ruhme, hält es nicht für un-
anständig mit seinen Kindern auf einem *ungesattelten* Stecken-
pferde herum zu reiten zur Beschämung aller Selbstlinge unserer
Zeiten.

Ganz von einander *verschieden* sind die Steckenpferde
des Edelmanns und des Bürgerlichen – des Geschäftsmanns und
des Gelehrten, des Soldaten und des Kaufmanns – des Künstlers u.
des Handwerkers – des Städters u. des Landmanns – des Ehejochträgers
und des Hagestolzen – des mikrologisch. Gräserzählers und des
Manns von Welt

— des Vielgewandten, der vielfach umher geirret,
Vielen Menschen Städte gesehen, und Sitte gelernt hat —
durchaus verschiedene Sachen! Herr von Sükenmark erlaubet
seiner Tochter, unter keinen Umständen, die Hand ihres Geliebten –
Es fehlet ihm ja der Kunstsinn! *der Tonsinn!*, der Liebhaber.
bringet

ihm sechs angeblich höchst seltene Schädel für seine Gallische Schädel-Sammlung – die Tochter ist sein!

Rides? mutato nomine de te narratur fabula.

Nirgendwo ist die Steckenreiterey heimischer als im Gebiete der Kunst und der Wissenschaften. Die hohe Befriedigung des Wahrheitssinnes geht über alle Befriedigungen der Sinne. Dem Gelehrten geht nichts über sein System, oder über eine Hypothese, der er alles mit erstaunungswürdigem Scharfsinn anzupassen, und unterzuordnen weiß; alles gehört ihm, und dieser gehört oft alles so schlecht, daß alle andern, außer ihm, es sogleich mit Händen greifen, und über seine fixe Idee lachen. Brütet der Gelehrte gar über einem hochgelehrten Werke, so vergißt er Essen und Trinken, Schlaf u. alles, selbst wenn die Frau ihm, wie jenen Dichtern, den Steiß in kaltes Wasser stößt, oder mit Brennnesseln fegt.... Der Schöngeist taumelt über ein gelungenes Gedichtchen oder Epigramm mit satirischem Stachel, wie der Botaniker über eine seltene Pflanze oder der Mineraloge über einen ausgezeichneten Stein. Fühlhörner, und Füße – Staubfäden, Schnäbel und Klauen etc werden mit der nämlichen Wichtigkeit untersucht, wie die Erschaffung der Welt, und die Bestimmung des Menschen!

Nie fühlet sich der Mensch glücklicher, als in der Übung und Ausbildung seines Talentes, und seiner hervorgebrachten Erzeugnisse; es ist die Freude des Schöpfers an seiner Schöpfung – die reinste aller Naturfreuden. Marino merkte nicht, indem er seinen unendlichen Adone glättete, daß ihm ein Staub gefallener

Lichtfunke

Liebstunde eine Wunde in den Fuß brannte, und Corneille machte die Anleitung einer verliebten Intrigue in einem seiner Trauerspiele mehr Sorge als die Verheurathung seiner ehelichen Tochter — Selten arbeitet der Mensch etwas Gedächtliches anders als aus Noth, oder aus gereizten Selbstsüchtigkeit. Wie stünde es um die armen Menschheit, wenn Große, Vornehme und Reiche die Muße gäbe aufbrachten? Die Verfassung predigte die meisten in den Amsterdamer Wasserhäusern, wo sie ersaufen, wenn sie das Wasser nicht auspumpen — Nos besoins sont nos forces.

Staat und Religion sind die Steckenpferde der besten Köpfe. Platos Steckenpferd war seine Republik — sie machte, daß er dreimal nach Syracus reiste zu Dionysius dem Tyrannen. Kant – Zimmermann, Rousseau pp ritten auf diesen Steckenpferden, wenn sie gleich von Welthändeln und Staatskünsten so entfernt waren, als die so gern politisirenden Doctoren u. Collegen, mit das große Heer der Zeitungbläser, die das Ristretto, den Mercur u. den Erlanger anbinden, und darüber setzen lassen: Geschichte des Jahrs 1814. Voltaire jagte, wie ein in Opium berauschter Spahi auf seinem elenden Steckenpferde, das er Religion nannte, und schrie wie ein Wüthender: Écrasez l'inf... Wir haben Zeiten erleben müssen, wo das Staats Steckenpferd außer dem Stalle zu reiten weit gefährlicher war, als im finstersten Mittelalter den Religionsgaul zu besteigen —

Setzt doch den Mann, wie er gleichgültig gegen die schönste Frühlings Sonne und den alles verjüngenden Wonne-Mond, mit grämgealter Stirne wühlet im Staube einer alten —

Closterbibliothek – er macht einen Fund, der ein datum in irgend einer Historie berichtigt, oder in einem alten Griechen oder Römer eine andere Interpunktion begründet, und ist – glücklich! – dort verläßt ein anderer Vaterland und Freunde, Weib und Kind, und mit Gefahr seines Lebens fernen Nationen herum zu irren, einen seltenen Vogel oder eine Giraffen-Haut mit nach Hause zu bringen, oder die Quellen des Nils zu entdecken, wovon er die brittische Nationalehre abhängig glaubt!... Ungeschmückt an seinem Pult brütet jener Autor über seinem Buche, wie über [illegible], und da sitzt der Chemiker vor seinen Tiegeln und Retorten; der Physiker gefällt sich nirgends besser, als zwischen seinen Luft-Pumpen und Electrisir-Maschinen, und der Astronome verdrehet sich die Augen mit Telescopen, wie der Insektenjäger mit Mikroscopen – er vergißt die Erde über dem Himmel, und seine eigene Frau darf in sternenhellen Nächten vollkommen sicher nach dem trachten, was hienieden ist.... Alle andere Menschenkinder, die weder Sinn für Wissenschaft, noch Begriffe von der Freude des Findens haben, rufen: Seht nur die Narren!

Selbst die Brodwissenschaften, die in der Regel nur mit einem gewissen Zwang erlernt werden, ohne die Sinne unseres Vergnügens zu vermehren, werden nicht selten von beschränkten Köpfen mit Liebhaberey betrieben, wenigstens einzelne Zweige derselben. Wir haben noch heute reine lautere Dogmatiker, Legisten und Dekretisten – Anatomen u. Sylbenstecher – Chroniken und Büchertitelkenner, auf unseren Alterthums-Universitäten,

für

für die alles Übrige durchaus keinen Werth hat. Wir haben in der Welt reine lautere Abkanzler – reine lautere Actendrechsler – und Rechenmeister – Magister und Substituten. Diesen, die offenbar das barbarische Mittelalter der Bücherwelt wieder einführen zu wollen scheinen, muß man vieles verzeihen – aber Studenten, die zu den Gebildeten angehören wollen? – denen der Vater die schöne Stelle des Cicero so oft empfohlen, und anzustreichen gerathen hat: Omnes artes, quae ad humanitatem pertinent, habent quoddam commune vinculum et quasi cognatione quadam inter se continentur? ——

Bessere und gute Köpfe wissen durch höhere Gesichtspuncte ihre Brodwissenschaft in den Kreiß der Freude zu ziehen, indem sie mit der Herrlichkeit der Jurisprud. Staatswissenschaft und Geschichte – mit der Arzneykunst – Naturgeschichte u. Physik – und mit der Theologie Philosophie in Verbindung setzen —— Diese höhere Gesichtspuncte scheinen den Ideenlosen Sprachmeistern versagt zu seyn, die daher unter die unausstehlichsten aller Steckenreiter gehören, gleichviel ob sie auf alten oder neuen Sprachen reiten. Nun Gott hat sie auch gewollt, u. daher im alten Testament die Sprachen verwirrt, und im neuen die Gabe der Sprachen aus über die Jünger ausgegossen, daher wir der Sprachmeister bedürfen. Indessen, wenn ich von einem unter ihnen französisch, italienisch, englisch oder spanisch angeredet werde, wie denn die so zu ihrem métier gehört, so antworte ich schon deutsch, weil ich von Carl V. gelernt habe, daß man mit Pferden

deutsch u. nur mit Freunden französisch – mit Damen italienisch u.
mit Gott spanisch reden müsse. Englisch, das Carl V. nicht verstand,
ließe sich auch am besten mit Pferden sprechen, weil es die tauglichste
Sprache ist, wenn man gerne einsylbig oder gar nichts sprechen
mag. Gott soll deutsch gesprochen haben, als er unsere ersten
Eltern aus dem Paradiese jagte – Adam französisch, als er sich
wegen seiner Galanterie entschuldigte – die Schlange aber italienisch –
doch hat, ~~[illegible]~~ derjenige viel für sich, der da behauptete, daß
die zischende Schlange blos englisch gekonnt habe. . . . .

Im gemeinen Leben reiten die Pfarrer auf Postillen –
u. ich habe einen gekannt, der mit Jokisch appetitlichen Predigen,
einige Stunden vor dem Zusammenläuten, statt längst fertig war –
Juristen auf Commentatoren und rechtlichen Bedenken, u. gar
manchen Arzt auf Receptenbüchern, wie Köchinnen auf Kochbüchern,
denn die Pferde sind meist klüger als die Reiter! Recensenten
reiten auf Schriftstellern, die andern Schriftsteller geritten
haben, und Schmarotzer reiten auf die Wurst, im Niederteutsch-
land auf den Schinken. Damen, da sie Anstands halber, nicht
auf Stecken reiten können, haben dafür ihren Puppen, oder
reiten, wie die Hexen, und fast alle Weiber auf den Besen
und Ofengabeln des Leichtsinns!

Mächtige Steckenreiter sind die Sammler aller Art,
mit ihren Curiosis, wo die Bücherfreunde oben anstehen. Wie glücklich
macht ein altes Buch, das man Jahre lang gesucht, und endlich in
einer Auction um 12 fl. aufgetrieben hat? Diese Sammler haben
gewöhnlich auch ein geheimes Gesetz, das sehr behutsam ist, daß es nämlich
nichts

auch sich habe so ein langes, entbehrtes Buch – par bricole – auf den Hals zu schießen. . Dies ist der nemliche Fall mit einer Muschel einem Steinchen – einem vernachlässigten Kraut, Insekt etc das der Sammlung abgeht, und ein glückliches Ohngefähr unter die Augen führet. Ein gewisser Engländer – schoß gar einen Hasen, und der Schlacht von Cannae bey seiner Anwesenheit in Rom – und der Jäger, der ihn schießen mußte . . der Hasen selbst mußten sich so lange in einem Kamin aufhalten, als die erlauchte Anwesenheit des Hasen=Liebhabers daurete. Es ist ohngefähr die Manier der Wilden –

Und in der That solche Liebhabereyen, wenn sie auch lächerlich sind, sind denn doch (auf rechtem Wege) edler, als die noble Passion des Wucherers, oder des Reichen, der nie genug hat, und wenn er auch bereits Hunderttausende besitzet, immer noch auf neuen herrab und ist, und fortgeizet – wenn er Dienstboten und Gesinde vom sauer verdienten Lohn abzwackt, oder Taglöhner auf Bezahlung der Rechnung warten läßet. Ich kenne solche wenn verächtliche Geldsammler und Goldkäfer, und kein Wort geht schwerer über meine Lippen, als wenn ich ihnen den Titel Excellenz geben muß!

Es gibt Leute, die ihre alten Kleider, Stiefel, Schuhe, Beinkleider, Hüte, Perrücken etc sammlen, und dabey sich so glücklich fühlen, wie der alte Officier, der Säbel u. Pistolen – d. Jäger, der seine Flinten, und der Tabaksraucher u. Schnupfer, der seine Pfeifen und Dosen als Trophäen im Schranke paradiren läßet. Indessen verräth es ein eigenes Gefühl seinen ersten Kinderschuh oder Kinderhäubchen vor sich zu sehen, und noch mehr seine ersten Höschen, zumalen wenn man sich zu erinnern weiß, wie einem ein strenger Mann anzuhalten wußte solche eigenhändig herunter zu thun,

Marbach 6224

ssen, und die zitternden oft unschuldigen Posteriora der Zuchtruthe preiß zu geben!

Das Größte, wie das Kleinste nimmt die Gestalt des Steckenpferdes an. Der Spiegel ist das Steckenpferd der Weiber — das Geld das des Geizigen — und der Bücher das des Soldaten u. Gelehrten. Das Steckenpferd des Lüstlings bemerkt der Jüngling, wie der Mann — und der Ball oder der Großvaterstuhl ist das der Alten. Häuser — Gärten, Pferde, Wagen, Hunde, Katzen, Vögel, Spielkarten —— Frau und Kinder nehmen die Gestalt des Steckenpferdes an. Die Catilinarische Verschwörung war das Steckenpferd des beliebten Cicero, wie der Himmel mit seinen Engeln und Heiligen das der Mönche und Nonnen. Der 7jährige Krieg war vor dem Anbeginnendigsten aller Kriege das Steckenpferd jeder Uniform. Unglückliche Gefangene wußten sich ihre Langeweile durch Steckenreiterey zu versüßen, wie Trenck mit seinen Zinnern Bechern, und andere mit Spinnen und Mäusen. Carl der Große war das Steckenpferd R...

Das Steckenpferd der Physiognomie ritten mit Lavater auch gar viele meiner Landsleute, so sehr auch der Satyre schon darauf geritten ist; ja diese Steckenreiterey hat neue Verbreitung erhalten, seitdem D. Gall die erhabenen und vertieften Schädelknochen zum Maaßstabe der Fähigkeiten u. Neigungen aufgestellet hat. Viele Schlaumköpfe wissen aus Handschriften mehr zu lesen, als bloße Buchstaben, und was als aus den Gesichtern. Sie sehen in den vollen runden Buchstaben des Römers seine Mannskraft und Ehrlichkeit — in den Wellenlinien und Schlangenzügen des Griechen seinen Schönheitssinn und seine Verschlagenheit — in der vierecktigsten geraden Schrift des Germanen seine Geradheit und Festheit — und in den bilder-reichen —

reichen Schrift des Orientalers seine regellose Einbildungskraft. Sie sehen in einer schiefen Schrift Schiefheit des Charakters – in den Kritzeln derselben ihre Bizarrerien und Launen, und in der Fähigkeit Handschriften nachzumachen, Schlechtheit und Vielseitigkeit. Jemehr Genie, desto schlechter die Handschrift, und daher die vielen vernachlässigten Handschriften unter uns! Bei dem X, der die Launen zu machen pflegen, kann man ganz deutlich lesen, daß sie — nicht schreiben können.

Der Verfasser des Buches L'Art de juger du Caractère sur l'Ecriture p. M. Paris 1812 mit 42 gestochenen Handschrifts Copien berühmter Verstorbener weissagt sehr vieles aus der Handschrift dieser berühmten Männer u. Weiber, u. konnte es auch mit aller assurance, da deren Charaktere bereits so gründlich durch die Geschichte entziffert sind. Man kann ihm allenfalls zugeben, daß eine regelmäßige feste Schrift einen festen Charakter zeige, und daß sich Hitze oder Entschlossenheit, Ruhe oder Leidenschaft, Jugend u. Alter, Männer u. Weiber aus der Handschrift erkennen lasse.

Viele lesen auch gar vieles mit schlauer Vorbedeutung selbst in den Haaren. Rothes Haar zeigt von Galle u. Falschheit — blondes von Sanftmuth u. Güte — schwarzes u. braunes Haar von einem hitzigen Temperament und von Festigkeit. Einst gab es Gold- u. Silber-Haare, von denen sich etwa, wie von dem Gold- u. Silberstaub, womit ~~ein paar~~ manche ~~unsere~~ ihren Briefpapier bestreuen, auf Eitelkeit sollte schließen lassen. Den grauen oder weißen Haaren, wenn es nicht gepudert ist, liest man so richtig das Alter, als an grünen oder blauen Augen, daß der Mann ein Kupferschmied, Bergmann pp oder so etwas seyn müsse.

H

Es gibt ganz unschuldige Steckenpferde, wie meistens die der Gelehrten und Künstler sind. die Großen und die Vornehmen reiten schon welche, von denen sich nicht ein Gleiches behaupten läßt, zumalen wenn sie ihnen von Ministern, Maitressen und Lieblingen vorgeritten werden. Man kann nur so selten darüber lachen, weil sie meist verlangen, daß auch andere sich hinten auf setzen sollen. Das allerunseligste Steckenpferd ist das von Carl XII. u. Napoleon – der Krieg!!!

Jeder behandelt sein Steckenpferd mit der ausgezeichnetsten Wichtigkeit, und sieht, selbst wenn er auf einem hölzernen Pfal reitet, oder einen Wolf sich sch[illegible], mitleidig lächelnd auf den, der über seine Reiterey die Achsel zuckt, er sieht in ihm Vollkommenheiten, die kein anderes Menschen Aug erblickt, und ist so glücklich, wie eine hysterische Nonne, die Erscheinungen von der heil. Dreifaltigkeit, von Maria und Joseph hat. Ausschließliche Beschäftigung mit irgend einer Wissenschaft oder Kunst gibt gewöhnlich den Steckenreiter-Sinn, und erhebt vom simplen Reitknecht zum Stallmeister — Gewisse Leute können sich nie anders auf Stühle niedersetzen als rittlings. Selbst die Steckenknechte, wie die Gehülfen der Professoren κατ ἐξοχην heißen, behandeln ihren Stecken mit einer Liebhaberey, die ihnen jeden gern erlassen würde, der sich mit ihnen zu befassen genöthigt ist.

Steckenreiterey bringt Poesie in die Prosa des Lebens und des Berufes, nährt die Seele, wie das Amt seinen Mann, und ist die sicherste Freistätte, wohin man sich flüchten kann, wenns von außen trübe ist, bis der Sturm vorüber braußet. Wohl uns! daß der Blick ins Kleine nicht selten beseeligt, wenn der ins Große niederschlägt — Man kann lächeln über die Schwäche der Steckenreiterey – aber ist es nicht mehr als Goldes werth, daß ein neuer Käfer oder Schmetterling, eine Pflanze oder ein altes Buch, uns Glück und Heiterkeit wieder geben.

gaben, die wir verloren hatten, u. umsonst unter Menschen suchten, und auf der Bühne der Welt! Wie glücklich machte den guten Onkel Toby die Belagerung Namurs, trotz des Schadens an dem bewußten delicaten Orte! wie glücklich machen nicht häusliche Steckenpferde, vorzügl. in den Jahren, wo lebhaftere Freuden nach u. nach aufhören! wenn man für Enkel und Neffen hölzerne Steckenpferde eingeht – Peitschen fertigt, oder für das Hauß – Mausfallen von Ziegelstein! Mein Steckenpferd, worauf meine Dorfgünnerschaft Leser so eben einen Spazierritt zu machen wie die Ohren schenken, war ein Werk, wovon dieses Steckenreiters Capital 1/200 ausmacht, das viele traurige Jahre u: Stunden mit mir redlich getheilt u. sie mir aufgeheitert hat; es macht mich kinderlos, da es nun herangewachsen, und in die weite Welt zu laufen gesonnen ist..

Es ist eine herrliche Sache um ein gutes Steckenpferd, u. wer keines reitet, den reitet leicht – der Teufel! Gar viele haben einen ganzen Marstall voll, machen nicht viel Spazierritte, sondern kommen nie von ihrer Mühe herunter – und eben so viele, besonders die schöne Welt, die sich wenig zu genieren braucht, u. viele Mittel hat, wissen gar nicht einmal, daß sie – Steckenpferde reiten, u. das ist nicht gut! – Es ist besser, wenn man nur Eines hat, das man kennet; man bleibt dann leichter Herr u. Meister. Am allerbesten für unser Einen ist es, wenn es mit dem Weltbrauche harmonisch in Einem Stalle steht.

Die Steckenreiterey hat, meyne ich, seit Sterne's Zeiten mehr zu, als abgenommen – aber leider! das Original Steckenpferd ist mit ihm begraben worden:

For oh – For oh!
the Hobby-horse is forgot!! –

CMvWeber

Krieg, Menschheit, Zeitungen

Unter diesem Titel gibt es im 20. Jahrhundert ein unerwartetes Echo auf den Demokrit aus Hohenlohe. Hat Weber seine Pressekritik so grundsätzlich angelegt, daß zwischen Krieg und Zeitung ein Zusammenhang entstehe?

»Die sieben Posaunenengel der Offenbarung sind Zeitungsschreiber, und Äolus ist ihr Patron; sie leben vom Kriege, wie der Windmüller vom Winde: geht keiner, so kann er nicht mahlen, und des einen Unglück ist des andern Glück: muß der Windmüller die Hände in den Schoß legen, so hat der Wassermüller desto gesegnetere Zeiten, und hat der Zeitungsmacher keine Lügen, so werden die Makulaturgewölbe desto leerer, denn man liest dann desto mehr Romane und Komödien.«

So zitiert ein junger Mensch, »der am 4. November 1917 für den deutschen Export gefallen ist, [...] den außerordentlichen, schmählich unterschätzten Karl Julius Weber (Demokritos), der 1767 geboren und im Todesjahr Goethes gestorben ist«.

»Die rechten Zeitungsleser glauben, daß Soldaten und Matrosen nur da seien, sich zu würgen, damit sie etwas zu lesen haben; wozu sind sie im Frieden?«

Und der Kommentator, der Webers Äußerungen am 16. Dezember 1917 und am 8. Oktober 1922 öffentlich vorgetragen hat, sagt über ihn weiter: »Von den Mächtigen dieser Erde hat er gewußt, daß sie das Schießpulver zwar nicht erfunden, aber gern angewandt haben, und man wird auch sehen, daß er die Dummheit der Regierten erkannt hat, gerade für die, welche keinen Schuß Pulver wert sind, so viele abzugeben und zu empfangen. Vom Gas hatte er noch keine Ahnung.«

»Der bleibende Nachteil der Zeitungen scheint mir der, daß sie Geschichtsfakta nicht bloß besudeln und entstellen wie Harpyen, sondern der Geschichte wie Henker Hals, Arme und Beine knebeln, abschneiden, ansetzen und Klio zum wahren Scortum triobolare machen, die an der Straße sitzt und sich dem ersten besten für ein Stück Brot an den Hals wirft.«

Franz Janowitz, der als Leutnant im Alter von 25 Jahren 1917 an der italienischen Front gefallen ist, hatte insgesamt siebzehn Texte aus dem ›Demokritos‹ ausgezogen, um sie Karl Kraus für dessen Zeitschrift ›Die Fackel‹ zu schicken. Man fand die Papiere in seinem Nachlaß, und Kraus druckte die Sammlung mit einer Einführung in seiner Zeitschrift ab, nachdem er sie öffentlich vorgelesen hatte. [XXIV. Jahr, Nr. 601–607 v. November 1922, S. 68 ff]

232
12,-

MARBACHER MAGAZIN 70/1994
Sonderheft für die Karl-Julius-Weber-Gedenkstätte
in Langenburg an der Jagst
Die für Langenburg und Kupferzell bestimmte Auflage
wurde gefördert von der Stiftung Würth Künzelsau
© 1996 Deutsche Schillergesellschaft Marbach am Neckar
Herausgeber: Ulrich Ott
Redaktion: Friedrich Pfäfflin
Gesamtherstellung: Offizin Chr. Scheufele, Stuttgart
ISBN 3-929146-22-3